示范校重点专业建设成果教材
职业教育技能型实用人才培养系列规划教材

新能源客车空调检测与维修

XINNENGYUAN KECHE KONGTIAO

JIANCE YU WEIXIU

主　编　蒋　勇
副主编　林　波　张云川　谢文静

西南交通大学出版社
·成　都·

图书在版编目（CIP）数据

新能源客车空调检测与维修 / 蒋勇主编. —成都：西南交通大学出版社，2018.9
示范校重点专业建设成果教材　职业教育技能型实用人才培养系列规划教材
ISBN 978-7-5643-6438-0

Ⅰ. ①新… Ⅱ. ①蒋… Ⅲ. ①新能源–客车–空气调节设备–检测–职业教育–教材②新能源–客车–空气调节设备–车辆修理–职业教育–教材　Ⅳ. ①U469.1

中国版本图书馆 CIP 数据核字（2018）第 216544 号

示范校重点专业建设成果教材
职业教育技能型实用人才培养系列规划教材

新能源客车空调检测与维修

主编　蒋　勇

责任编辑	张少华
封面设计	何东琳设计工作室
出版发行	西南交通大学出版社 （四川省成都市二环路北一段 111 号 西南交通大学创新大厦 21 楼）
邮政编码	610031
发行部电话	028-87600564　028-87600533
网址	http://www.xnjdcbs.com
印刷	四川煤田地质制图印刷厂
成品尺寸	185 mm×260 mm
印张	7
字数	147 千
版次	2018 年 9 月第 1 版
印次	2018 年 9 月第 1 次
定价	33.00 元
书号	ISBN 978-7-5643-6438-0

课件咨询电话：028-81435775
图书如有印装质量问题　本社负责退换
版权所有　盗版必究　举报电话：028-87600562

市级中职示范校重点专业建设教材编写委员会

主　任　李　灿　　彭　超

副主任　钟晓芬　　田跃红

委　员　（以姓氏拼音排序）

蔡　继	陈茂贤	蔡咏梅	邓文杰	戴　鑫	邓　宇
何　川	何加龙	何　鹏	黄永波	姜　雪	蒋　勇
匡　鹏	康元博	林　波	李　广	罗宏亮	刘　君
李进才	李施其	罗　潇	李小燕	李　怡	刘永平
彭月秋	庞远智	邱川鄂	任金花	冉原野	孙　静
苏　峻	孙纪胜	帅　林	涂　波	谭　忱	唐艳红
唐　炽	温承钦	吴　刚	王　焦	汪　亮	吴　鹏
王　谦	蔚衍娟	谢文静	夏晓波	肖应刚	杨昌玉
尹红安	袁　佳	杨　杰	杨炎锋	郑才敏	郑国秀
周海涛	赵甲进	张　余	张云川	张芸聆	周益权
张　睿					

总 序

近 5 年来,国家先后颁布了《国务院关于加快发展现代职业教育的决定》(国发〔2014〕19 号)、《国家教育事业发展"十三五"规划》(国发〔2017〕4 号)、《国务院办公厅关于深化产教融合的若干意见》(国办发〔2017〕95 号),重庆市为贯彻落实国家颁布的相关政策文件,特制定了《重庆市人民政府关于加快发展现代职业教育的实施意见》(渝府发〔2015〕17 号)等政策文件,大力推进职业教育改革发展。

为积极响应国家政策,更好地适应重庆经济转型和产业结构调整的需要,2014 年,重庆市教委、市人力社保局、市财政局决定实施市级中等职业教育改革发展示范学校建设计划,2014—2016 年,在全市范围内重点支持建设不超过 30 所市级中等职业教育改革发展示范学校。项目学校通过人才培养模式改革、专业课程体系建设、校企合作、师资队伍建设等,促进学校改革创新、内涵发展,成为全市中等职业学校改革创新的示范、提高质量的示范、办出特色的示范,在中等职业教育改革发展中发挥引领骨干和辐射作用,为经济社会发展培养高素质劳动者和高技能技术人才。

2016 年 8 月,重庆市公共交通技工学校成功申报为市级中职示范校项目建设学校。经过两年的建设,在课程改革和教材建设上取得了可喜成绩,为进一步总结经验,固化成果,特组织骨干教师编写了 20 余门系列优质课程配套教材,并交由西南交通大学出版社审核出版。

本系列教材是在相关企业专家的悉心指导以及参与下完成的。教材以强化学生职业能力和培养综合素质为主线,以工作过程为导向,以典型工作任务和生产项目为载体,立足行业岗位要求,参照相关职业资格标准和行业技术标准,遵循中职学生成长规律、中职教育规律和行业生产规律进行开发建设。教材按照项目导向、任务驱动、模拟情境等教学模式要求，构建学习任务单元，注重学生可持续发展能力、创新能力、综合技术能力的培养，具有典型的工学结合特征。

本系列教材是重庆市公共交通技工学校不断深化教学改革的结果，更是市级中职示范校建设的一项重要成果，其中凝聚了各位编审人员的大量心血与智慧，也凝聚了众多行业专家的智慧。同时，在编写过程中得到了有关兄弟院校的大力支持，在此一并表示诚挚感谢！希望该系列教材的出版能有助于促进中职相关专业人才培养质量的提高，能为交通运输类职业院校的教材建设起到积极的引领和示范作用。本系列教材涉及专业面广，加之编者对现代职业教育理念的学习和认知仍需不断地改进和提高，书中难免存在不妥之处，恳请专家、同行不吝赐教，以促使我们不断提高教材编写的质量和水平。

李 灿
2018 年 5 月

前言 PREFACE

近年来，新能源汽车作为国家战略性新兴产业，得到了快速发展。而新能源商用车（含新能源客车）作为新能源汽车的重要组成部分，其产量已占新能源汽车总量的 33%左右。与此同时，新能源客车的售后服务市场对维修技术人员产生了大量需求，而市面上涉及该市场的参考书籍相对较少。为满足新能源客车市场对维修人才的需求，深入贯彻《国务院关于加快发展现代职业教育的决定》（国发〔2014〕19 号）和全国职业教育工作会议精神，加强优质职教资源建设，我们按照职业教育发展改革要求，结合新能源客车维修市场人才需求的特点，以突出学生能力为本位，特组织人员编写了新能源客车系列教材。

该系列教材是重庆市公共交通技工学校示范校重点建设专业——汽车维修专业——建设成果之一。丛书总结了学校一线教师的多年专业教学经验，结合行业和企业对客车维修人员的岗位职业能力要求，以 CNG 新能源客车维修为基础，兼顾插电式及纯电动汽车发展趋势。教学内容紧贴实际工作岗位的具体需要，以任务为驱动，文字简洁、图文并茂、形式生动，容易激发学生的学习兴趣，提高学习效果。通过学习本套教材，学生可以在不断积累理论知识和实践能力的同时，逐步完成从知识入门到技能掌握的过程，实现学生职业心理角色的转换。

本书由重庆市公共交通技工学校蒋勇担任主编，林波、张云川、谢文静担任副主编。内容主要包括了解汽车空调和现代制冷技术、感知客车空调系统、CNG/纯电动大客车空调系统的基本维护、认识电的危害、用电安全和紧急防护应急措施、客车空调制冷系统的压力测试作业、客车空调制冷系统的检漏作业、客车空调制冷系统抽真空和制冷剂加注作业、客车空调制冷系统的竣工检查作业、客车空调制冷系统压缩机检查与更换作业、新能源客车空调控制系统的维修作业、客车空调制冷系统的故障排查作业等。

该系列教材可以作为 CNG 新能源大客车维修从业人员、大客车汽车维修从业人员、纯电动汽车维护人员教学用书及自学教材，也可作为职业院校新能源汽车应用与维修方向教学参考书。

在该系列教材编写过程中，编者得到了重庆公共交通控股（集团）有限公司的大力支持，同时参考了大量的书籍、论文等文献资料，并引用了一些研究成果，在此对这些专家和学者表示深深的谢意。

限于编者水平，书中难免有不妥之处，敬请广大读者提出宝贵意见。

编 者

2018 年 5 月

目录 CONTENTS

概　述　了解汽车空调和现代制冷技术 ·· 1

项目一　感知客车空调系统 ·· 20

项目二　CNG/纯电动大客车空调系统的基本维护 ·· 28

项目三　认识电的危害 ·· 35

项目四　用电安全和紧急防护应急措施 ·· 40

项目五　客车空调制冷系统的压力测试作业 ·· 45

项目六　客车空调制冷系统的检漏作业 ·· 51

项目七　客车空调制冷系统抽真空和制冷剂加注作业 ·· 57

项目八　客车空调制冷系统的竣工检查作业 ·· 67

项目九　客车空调制冷系统压缩机检查与更换作业 ·· 73

项目十　新能源客车空调控制系统的维修作业 ·· 84

项目十一　客车空调制冷系统的故障排查作业 ·· 95

参考文献 ·· 101

概 述

了解汽车空调和现代制冷技术

一、空气环境对人体的影响

在日常生活中，人们对清新、干爽、适宜温度的空气总是特别欢迎，这样的气候环境下再加上微风，就会感到愉悦、平静，同时人体的新陈代谢处于一种平缓、可持续的水平。反之，过高或者过低的空气温度、湿度，过高的有害气体浓度、粉尘等，无风或者强风下，人会感到心慌、沉闷、狂躁、恐惧，心跳加快，而且容易导致头晕、胸闷、乏力等不适，影响精神状态，甚至还会对人体的神经系统、呼吸系统、免疫系统造成危害。在一个相对封闭、人群集中的环境尤中其如此。

由于人有个体差异，对空气的温度、湿度、流速和清洁度，能适应的量度有所不同，但根据实验证明，人们普遍感觉舒适的空气环境有如下指标：

（1）空气的温度。平均温度为：夏季 25～28 ℃，冬季 15～18 ℃。

（2）空气的湿度。保持在 30%～70% 为宜。

（3）空气的流动。气流速度一般为 0.25 m/s 左右，不宜超过 0.5 m/s，根据人体生理特点（头部对冷比较敏感、脚部对热比较敏感）和调湿需要，采取上冷下暖的流动格式。

（4）空气的净化。封闭空间内新鲜空气量应保持 20～30 m³/h，二氧化碳（体积）浓度应在 0.1% 以下。

在相对封闭的空间内，超出以上空气质量指标范围，就必须进行人工调节。汽车空调就是为满足人们在乘车时对空气质量的要求而产生的。

重庆气候属亚热带季风性湿润气候，冬暖夏热，年平均气温在 18 ℃ 左右。冬季最低气温平均在 6～8 ℃，夏季最高气温平均在 29～39 ℃。因地形的原因，夏季气候闷热，成为长江三大"火炉"之一。

重庆终年少霜雪，多云雾，冬暖、夏热、春早、秋短，雨量充沛，常年降水量为 1 000～1 400 mm，春夏之交夜雨尤甚，素有"巴山夜雨"之说。

重庆市的公交客车就是在这种气候环境下运行的，高湿、高温是车内空气环境的主要特征，如图 0-1 所示。另外，由于公交车站点距离短，与外界空气交换频繁；白天主城区堵车严重，公交车运行速度慢，乘客在客车上停留的时间较长。空气质量的好坏对出行的人们是否选择公交客车有直接的影响。不难想象，乘客一定不愿意在闷热、污浊的车厢里坐太长时间。

图 0-1　公交车内环境

二、汽车空调系统的组成和作用

汽车空调系统主要包括制冷系统、暖风系统、通风系统、空气净化系统、控制系统五个基本部分。

1. 制冷系统

制冷系统主要负责对车内空气进行制冷、除湿。通常采用同普通家用空调相同的制冷剂压缩（蒸发）制冷方式。主要设备安装在大客车的车顶部位（见图 0-2）和发动机舱内部（见图 0-3）。

图 0-2　制冷系统主要设备安装位置

图 0-3　压缩机安装位置

2. 暖风系统

暖风系统通常采用发动机冷却液为热源，对车内空气进行加热，在寒冷冬季为前风挡玻璃除霜，阴雨天气除雾。

这种供热方式只有在发动机工作达到正常温度后才起作用,而在发动机停机或者暖车状态没有效果或效果较差。

在重庆绝大多数地区,冬季向车内供热的时间不多。

在海拔 800 m 以上的山区,由于冬季气温经常在 0 ℃ 以下,公交大客车停车时间较长时,会使用辅助热源向车内供热,以节约汽车燃料,如图 0-4 所示。这种辅助装置为车用燃烧器,如图 0-5 所示。

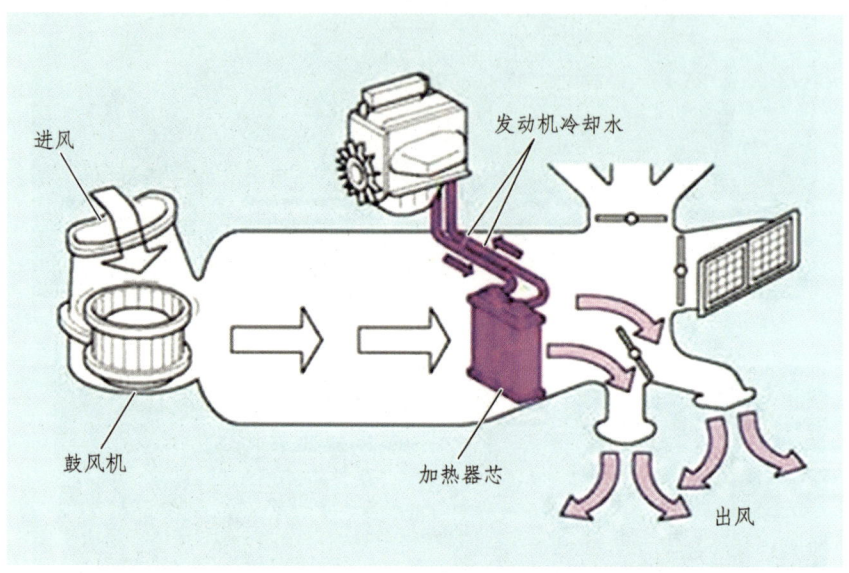

图 0-4 发动机余热供暖示意图

图 0-5 车用燃烧器

3. 通风系统

通风系统由进风口、鼓风机、风门、风道、出风口、出风口格栅构成，实现车内的空气循环流动，如图 0-6 和图 0-7 所示。

图 0-6　通风系统

图 0-7　出风口

4. 空气净化系统

空气净化系统的作用是除去车内空气中的尘埃、臭味、烟气及有害气体，如图0-8所示。通常在全封闭（车窗不能打开）的大客车上装有此系统。而城市公交大客车上无此装置，主要原因与车门频繁开启、乘客在车内停留时间较短和维护成本高有关系。

图0-8 一种新型的空气净化系统

5. 控制系统

控制系统以空调控制面板和发动机计算机为核心，通过空调控制模式的设定值与车内外空气环境条件值的对比计算，从而实现对以上4个系统的整体控制，以改善乘车的舒适性，如图0-9所示。

图0-9 客车空调控制面板

客车运营过程中，空调系统多数时间都保持在工作状态，保障车内有一个舒适的空气环境。

对于重庆主城的公交大客车，空调系统中的制冷系统尤其重要，每年有大约5个月，每天14 h，需要制冷系统在运营期间一直工作；全年累计运转时间在2 000 h以上。

三、现代制冷技术

现代制冷技术，本质上都是一种强制性的热交换技术，通过机械设备或某种介质以实现封闭空间与外界的热交换。目前常用的现代制冷技术有以下三种：

1. 蒸气压缩制冷技术

蒸气压缩制冷技术是现代最常用的制冷技术，利用氨、二氧化硫、氯甲烷、氟利昂等物质从液态减压蒸发成气态时吸热降温的原理发展而来，如图0-10所示。

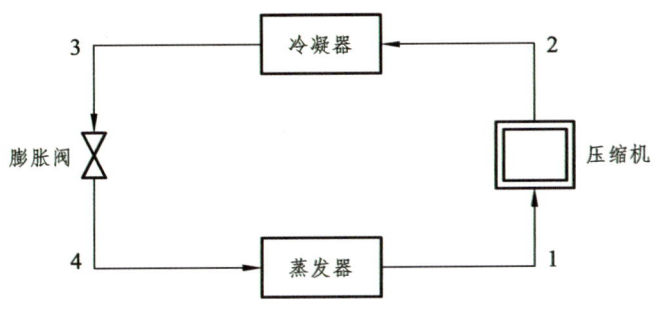

图0-10　蒸气压缩制冷模型

制冷剂（如氟利昂）在一个封闭的管路内部在压缩机的推动下不断循环，经历压缩升温（气态），冷却降温（液态），实现对外界散热；再经过减压蒸发（气态），实现对内部空间吸热而本身再次升温；再次进入压缩机再压缩升温……如此不断循环，达到内部空间相对于外部环境温度降低的目的。

蒸气压缩制冷技术要求两个负责热交换的部件：冷凝器必须在外部空间，蒸发器必须在内部空间；两者之间必须有完整的隔热材料。相反的循环过程就是制热的过程，可以实现把外部空间的热量交换至内部空间。

利用蒸气压缩式制冷技术制造的制冷设备，如图0-11所示，具有制冷温度范围大、单机制冷量大、结构紧凑、质量轻的特点，被现代汽车空调普遍采用。但是这种制冷方式需要消耗大量的机械能，在汽车上则意味着需要消耗大量昂贵的燃料。

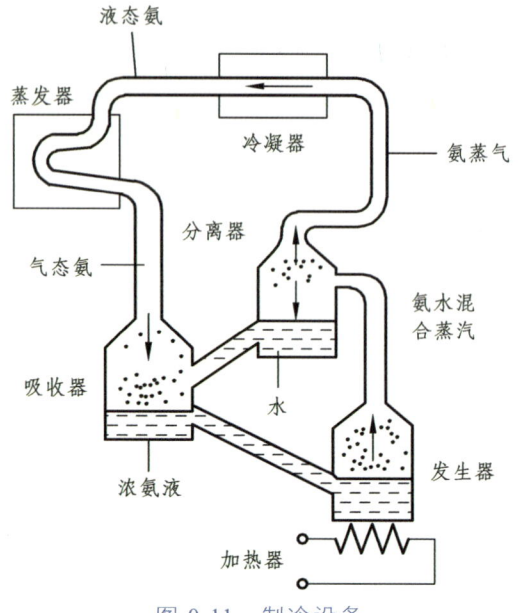

图 0-11　制冷设备

2. 吸收式制冷技术

吸收式制冷技术是利用某些具有特殊性质的工质对，通过一种物质对另一种物质的吸收和释放，产生物质的状态变化，从而伴随吸热和放热过程。目前，常用的工质对有氨水和水/溴化锂。吸收式制冷机利用溶液在一定条件下能析出低沸点组分的蒸气，在另一条件下又能强烈地吸收低沸点组分蒸气这一特性完成制冷循环。在吸收器中，吸收剂吸收来自蒸发器的低压制冷剂气体，形成富含制冷剂的溶液，将该溶液用泵送到发生器，经过加热使溶液中的制冷剂重新蒸发出来，送入冷凝器。

利用吸收式制冷技术制造的制冷设备，以自然存在的水或氨等为制冷剂，对环境和大气臭氧层无害；以热能为驱动能源，除了利用锅炉蒸气、燃料产生的热能外，还可以利用余热、废热、太阳能等低品位热能，在同一机组中还可以实现制冷和制热（采暖）的双重目的。整套装置除了泵和阀件外，绝大部分是换热器，运转安静，振动小；同时，制冷机在真空状态下运行，结构简单，安全可靠，安装方便。在当前能源紧缺，电力供应紧张，环境问题日益严峻的形势下，吸收式制冷技术以其特有的优势已经受到广泛的关注。

吸收式制冷技术已在多个国家被广泛采用，其优缺点也较为明显：

（1）优点。

① 无原动力，直接利用热原理，因此机器坚固亦无振动，噪声少，故障少，维护简单，能安装于任何地点，从地下室一直到屋顶均可。

② 夏天需供应冷气，冬天需供应暖气的全年候空气调节地区，最适合使用吸收式系统。目前，美国、日本的中央空调系统，吸收式系统约占 80% 以上。

③ 以水为制冷剂，获得容易，安全性高，且可直接利用热源，可利用低压蒸气、热水，甚至废气、废热，耗电极少，只相当于同容量蒸气压缩机的 2%～9%。

④ 变负荷容易，调节范围广（能在 10%～100% 范围内调节制冷量）。

⑤ 结构简单，运行方便，系统安全性高，无爆炸。

⑥ 系统满载与轻载效果相同，当负载改变时，只需调节发生器热源和水循环量即可。

⑦ 当蒸发温度及压力减低时，吸收式容量仅有限度地减少，运转稳定。

（2）缺点。

① 以水为冷媒时，无法获得低温（水冰点为 0 ℃）。

② 操作不当时，溴化锂易生结晶，溴化锂水溶液在大气下对金属有很强的腐蚀性，因而对设备管道的要求较高。

③ 体积大、质量大。

④ 价格昂贵。

我国生产此类空调机组的厂家有远大、双良等，但都未在汽车上运用。主要原因是体积、质量、价格还未达到可以装车的水平。

3. 热电式循环

热电式循环是一种以半导体材料（常用碲化铋）为基础，通过在热电半导体材料的两端加载一个较低的直流电压，热量就会从元件的一端流动到另一端，如图 0-12 所示。当加载电压后，半导体的一端温度会下降，而另一端的温度会同时上升。只要改变电流方向，就可以改变热流的方向。所以，在一个这样的热电制冷器件上可以同时实现制冷和加热两种功能。因此，热电式循环还可以用于精确的温度控制。

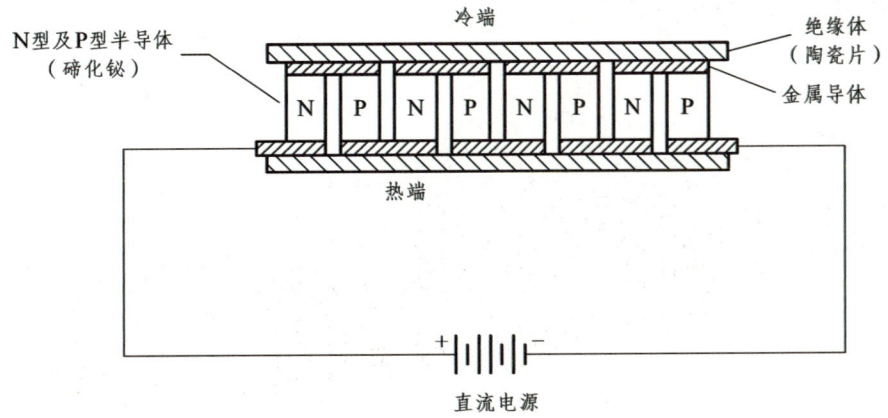

图 0-12 热电式循式系统

热电式循环的优缺点如下：

（1）优点。

① 没有运动部件，基本上不需要维护保养。

② 体积和质量很小。

③ 可以降温到环境温度以下。

④ 同一器件可以满足升温和降温的要求。

⑤ 精确的温度控制。

⑥ 高可靠性：一般可以可靠运行 20 万 h 以上。

⑦ 电子静音：不产生任何电子干扰信号。

⑧ 可以在任意角度下工作。

⑨ 简单方便的能源供给。

⑩ 点制冷：可以做到对单独的单元或者很小的区域进行制冷，避免能源浪费。

⑪ 发电：通过在热电制冷器上加载温差来使用其"逆过程"，可以将其变为一个小的直流发电器。

⑫ 环境友好：不涉及化学物质，工作过程中也不会产生任何有害气体。

（2）缺点。

① 制冷量小，通常大型的热电制冷设备也只有几千瓦。

② 价格昂贵。

这种制冷技术在实验性质的太阳能汽车上有应用，但未被传统汽车所采用。

四、大客车空调的历史、现状和展望

世界上第一辆装备有制冷设备的汽车诞生于 1940 年，由美国通用汽车帕克公司生产，如图 0-13 所示。

图 0-13 世界第一辆装备有制冷设备的汽车

1954 年，第一台冷暖一体化整体式空调设备被安装在美国 Nash 小汽车上，如图 0-14 所示。

图 0-14　美国 Nash 小汽车

1960 年，有冷气的汽车空调开始普及，并逐步推广到客车上。我国最早的汽车空调出现在 20 世纪 70 年代。1976 年，由原上海内燃机油泵厂（今上海汽车空调机厂）制造的汽车空调，装配在了上海牌轿车 SH760A 上，如图 0-15 所示。

图 0-15　上海版轿车 SH760A

1979 年，北京客装公司用解放 CA10 型载货汽车底盘开发生产出我国第一辆空调旅游客车，如图 0-16 所示。目前，汽车空调装置的装车率超过 90%，旅游客车上则为 100%，已经成为汽车的标准装备。汽车空调装置也成为汽车技术发展的一个重要组成部分。

图 0-16　我国第一辆空调旅游客车

现代客车空调技术是一种高新技术，涉及工程机械、热力学、电子技术、计算机技术、自动控制技术、传感器技术及空气动力学等多个领域。为提高整车舒适性，满足人们日益增高的要求，各客车空调装置生产厂纷纷将在轿车和其他工业产品上取得的成熟经验移植到客车上。客车空调装置已成为集制冷、采暖、通风、除霜、除臭等功能于一体的综合性产品。

在可以预见的未来，大客车空调将从动力源、制冷方式以及进一步提高空气质量三个方面发展。首先基于我国的环保和能源政策，以节能减排，鼓励以新能源（电能）替代传统能源为导向，未来汽车空调系统的动力必然以电能为主，如用电机驱动的空调压缩机和以电热陶瓷元件为热源的暖风装置。制冷方式可以采用吸收式制冷或者热电式循环制冷，更可靠更直接，进一步改善空气质量，降低车内粉尘和有害气体的含量，甚至可在高原地区增加车内氧气含量。

五、大客车空调系统与小轿车空调系统的比较

1. 相同点

（1）相同的制冷技术。

均采用蒸气压缩制冷技术，特点为结构简单、质量轻、制冷功率大、维护简单。这些特点使这种制冷技术在陆上交通工具中得到了最广泛的运用。

（2）均采用了发动机余热采暖技术。

对于车内的采暖，利用发动机冷却系统的余热无疑是一种廉价而有效的办法。

（3）相同的控制技术。

无论是对车内温度的控制还是对空调系统各子系统的控制，同一年代的轿车与大客车基本相同。

2. 不同点

（1）制冷设备的制冷功率差异大：普通轿车输出功率为 4.5～5.8 kW，输入功率为 3 kW 左右；大型客车输出功率为 26～40 kW，输入功率 30 kW 左右，如图 0-17 所示为大客车空调压缩机。

图 0-17　大客车空调压缩机

（2）满足个性化要求的能力差异大：普通轿车可以满足单一乘客对温度、出风量、出风位置、新风量的个性化需求；大客车车内空气的调节主要由驾驶员统一控制管理，在全封闭式客车上尤其如此，乘客对温度、新风等空气质量指标无控制权限，如图 0-18 所示。

图 0-18　大客车空调装置

（3）制冷设备的布置差异大：普通轿车由于造型和体量的关系，制冷设备安装位置固定，使用条件相对恶劣，散热差，如图 0-19 所示；大客车体量大，内部空间宽松，有利于制冷设备的最佳布置。

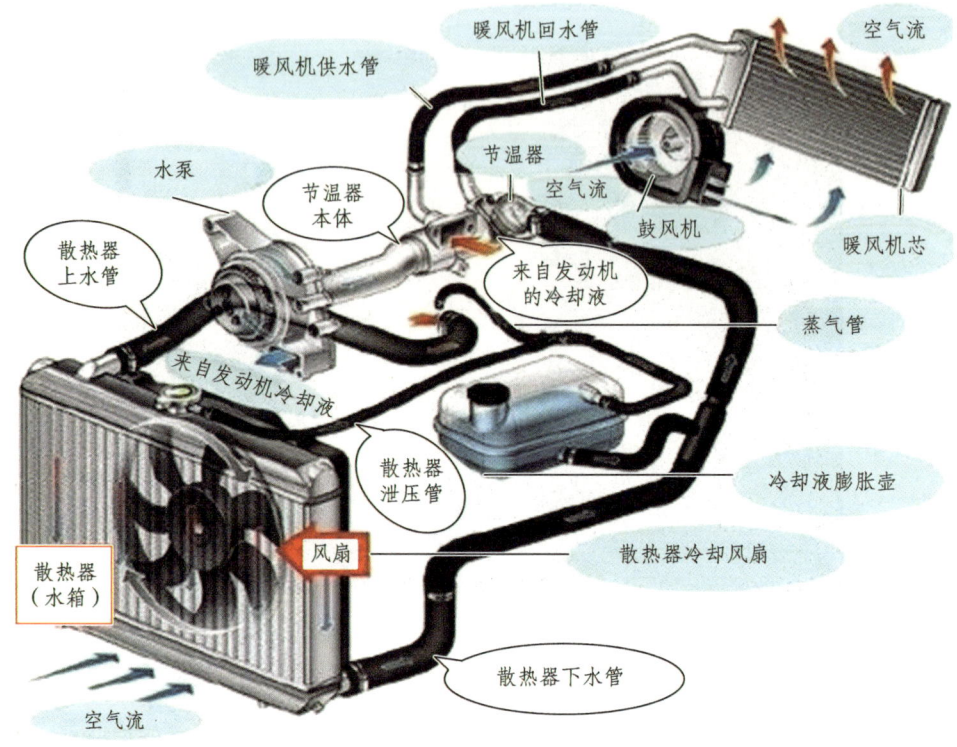

图 0-19　制冷设备的布置

（4）可靠性要求差异大：大客车通常是运营车辆，运行时间长，要求空调制冷系统有更高的可靠性和工作寿命；普通轿车通常是非运营车辆，使用频率和时间远不及大客车，因此较低的工作寿命也是可以接受的。

六、现代客车空调的类别

1. 非独立式空调系统

非独立式空调系统所需要的动力均来自主发动机，如图 0-20 所示。其供暖一般利用发动机冷却水或废气的余热。其特点是冷气系统结构简单，不需辅助发动机，不必另占空间，质量小，造价低。但是制冷的强度随汽车的运行工况变化而变化，汽车车速和负荷变化时，制冷系统工况就不稳定，特别是怠速时，不能保证制冷系统有足够的能量输入。同时，当车辆行驶在较差路面或爬坡时，由于制冷系统需占主发动机 10%～15% 的动力，会影响汽车的加速和爬坡能力。

图 0-20　主发动机

2. 独立式空调系统

独立式空调系统有专用发动机驱动制冷压缩机并设立了独立的取暖设备，如图 0-21 所示。大型客车和豪华型大、中客车由于所需要的制冷量和暖气量大，一般采用这种空调系统。

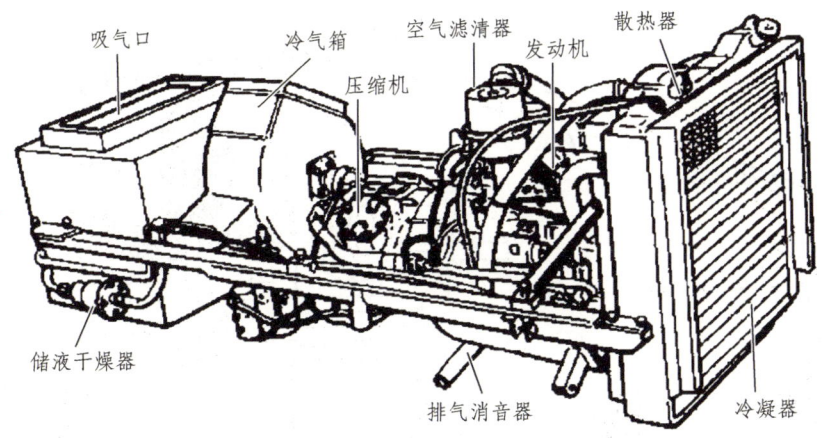

图 0-21　汽车空调独立整体式制冷装置

七、现代客车空调的布置

1. 非独立式空调系统

非独立式大中型客车制冷装置多数将冷凝器与蒸发器组成一体，可布置于车顶外面，如图 0-22 所示，也可布置于车后，如图 0-23 所示。前者将冷凝器与蒸发器水平布置组成一体，平置于车顶外面，称顶置式；后者则将冷凝器与蒸发器上下垂直布置组成一体，放于车辆后部，称后置式。

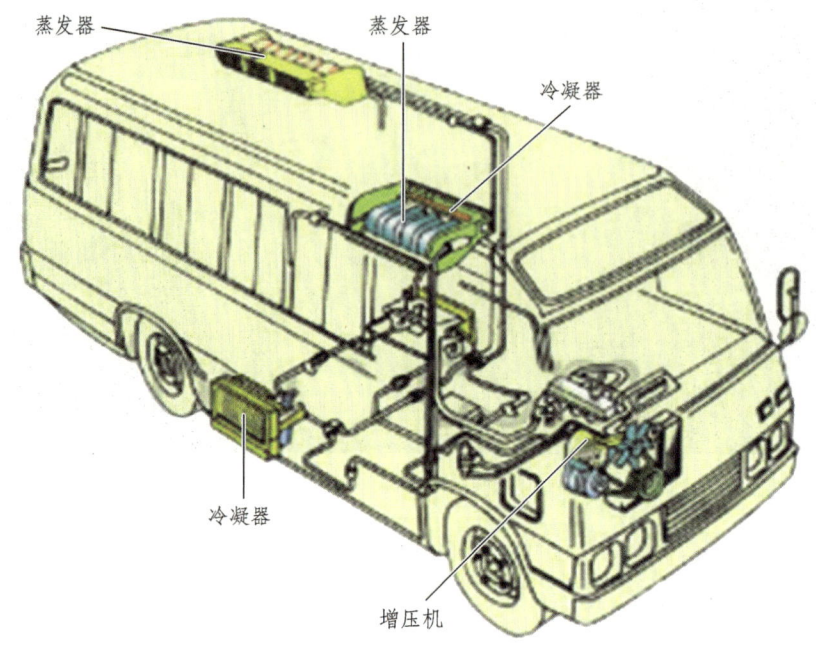

图 0-22 非独立式空调系统的布置（顶置式）

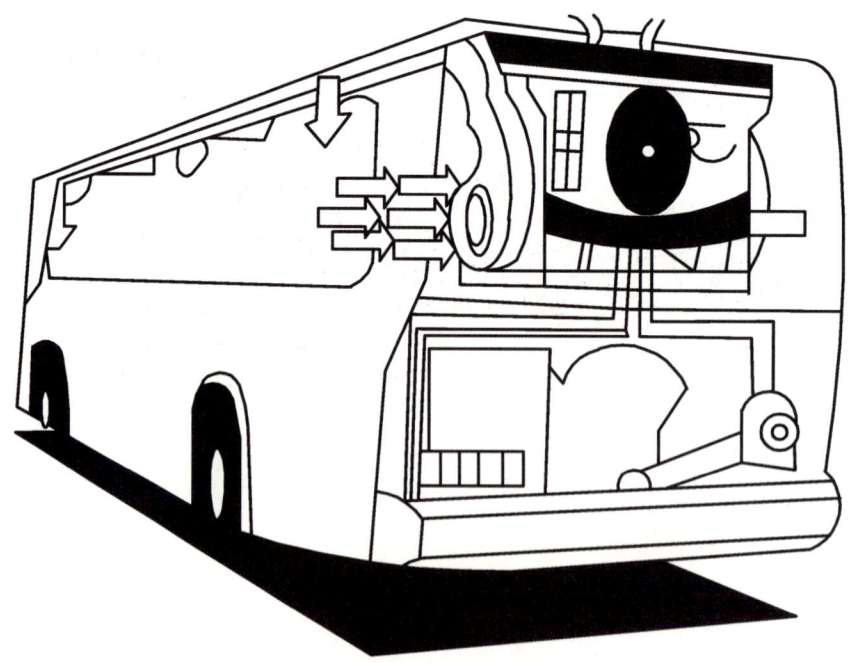

图 0-23 非独立式空调系统的布置（后置式）

2. 独立式空调系统

独立式空调系统可细分为以下几种形式：

（1）独立整体式：把副发动机、制冷压缩机、冷凝器、蒸发器及其他部件组装在一个机架上，冷风通过风道吹入车厢，如图0-24所示。它的特点是：

① 总成少，结构紧凑，制冷量大，质量大。

② 安装于客车地板下面，不占车厢空间，车厢乘客室完整，对车身要求不高，但机组高度受到限制，客车底架需相应加强。

③ 制冷机组安装必须满足轴荷分配要求，否则会加速轮胎磨损，产生附加振动和噪声。

④ 制冷系统的管路短、制冷剂充注量少，泄漏容易控制。

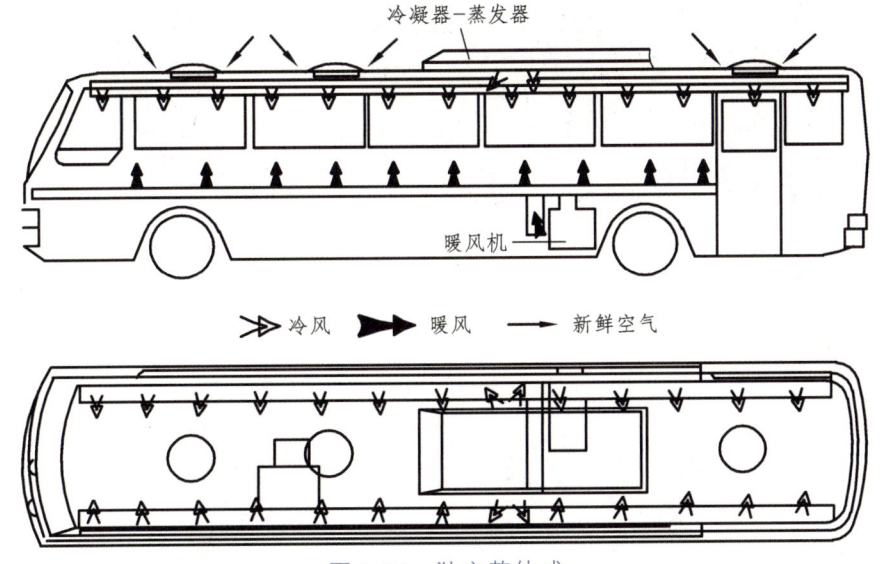

图 0-24　独立整体式

（2）独立分体式：仅是把辅助发动机与制冷压缩机组成一体，安装在客车的中部或后部，而把冷凝器和蒸发器都置于车顶棚外中部，或者把冷凝器置于车体裙部而把蒸发器（多个）对称布置在车顶棚内的两侧风道里。其特点是：

① 冷凝器、蒸发器有最大的组合性能以及派生的组合，安装灵活方便，可以按用户需要在车顶、车后、车内以及裙部布置，形成多品种、多规格的产品，但对车身要求较高。

② 有利于轴荷分配，可获得最佳的车辆重心位置，为轮胎等零部件的耐久使用提供了有利的条件。

③ 可使车厢里风速、温度均匀，提高舒适性；但由于安装布置不集中，使管道加长，阻力损失增加。

八、大客车空调组成的特点

大客车空调由动力装置、蒸发器装置、冷凝器装置和控制盘组成,如图 0-25 所示。其特点为:

图 0-25　大空车空调

（1）发动机、压缩机和送风马达的耐用性极佳。

（2）送风管道长,出风口多,可使车厢里风速、温度均匀,如图 0-26 所示。

图 0-26　出风口

(3)冷凝装置、散热器和蒸发装置体积大、质量轻,如图 0-27 所示。

图 0-27 冷凝装置、散热器和蒸发装置

(4)控制盘上的灯、蜂鸣器、指示器和开关的设置,可以使司机非常容易地检查正在运行中的空调系统的运行状况,如图 0-28 所示。

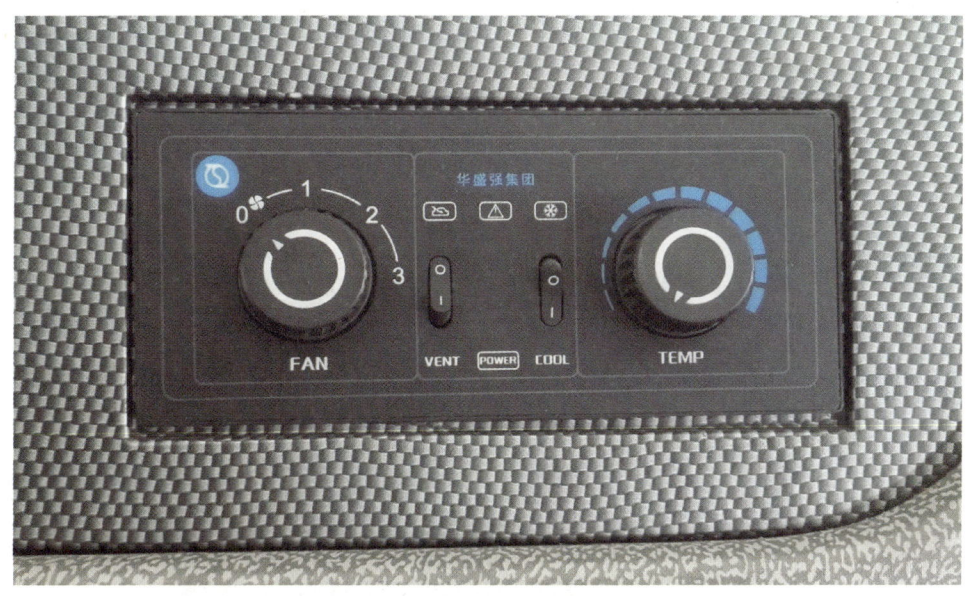

图 0-28 控制盘

项目一

感知客车空调系统

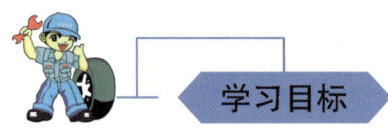

（1）了解客车空调的评价指标。
（2）掌握汽车空调面板的基本操作。

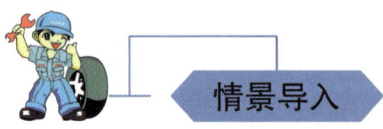

如图 1-1 所示是一台由重庆恒通客车有限公司制造的 CKZ6710NB5 型客车，最大载客人数 32 人，空调系统为非独立式客车空调。请学生亲身体验，当环境温度为 30 ℃，在客车车厢内开空调和不开空调时的不同感觉。

图 1-1　CKZ6710NB5 型客车

知识链接

CKZ6710NB5 型客车，由重庆恒通客车有限公司制造，对重庆道路交通环境有较强的适应能力，转向灵活、爬坡能力强、通过性好，适合客流量不大的公交线路。该客车装备"精益"牌客车空调系统，其空调压缩机由发动机直接带动，该客车因此当发动机未正常运转时空调制冷系统不能启动。客车侧面车窗可滑动打开，可满足靠车窗乘客对新风的需求，但是对车内温度控制有严重影响。

项目实施

一、技术标准与要求

（1）确保操作人员及设备安全。
（2）启动发动机时确保驻车制动有效，变速器操纵杆置于空挡。
（3）使用风速计测量风速和温度时，参照仪器使用说明书。

二、实训时间

实训时间为 40 min，不含发动机热车时间。

三、实训器材

CKZ6710NB5 型客车、红外线测温仪、风速计，如图 1-2 所示。

 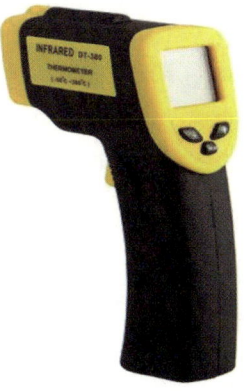

（a）CKZ6710NB5 型客车　　　　（b）红外线测温仪

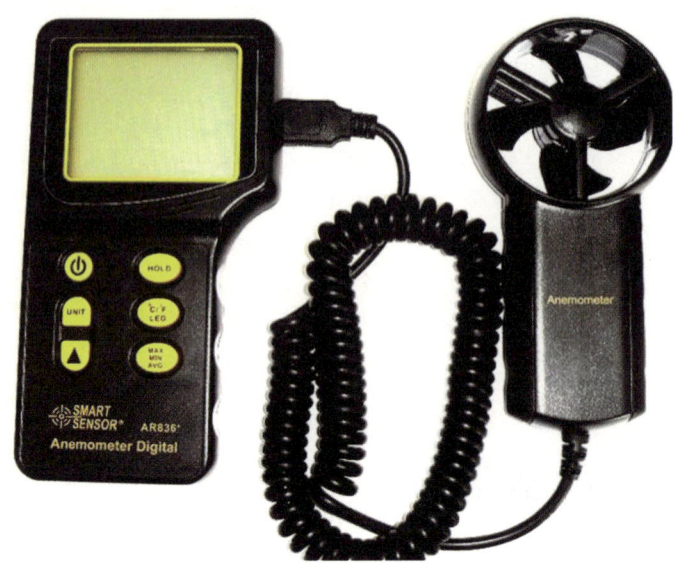

（c）风速计

图 1-2　实训器材

四、教学组织

1. 教学组织形式

本课程为实训课，实训教师 1 名，学生每 15 人一组，模拟实训用客车的一般载客情况。

2. 学生的站位分工和要求

学生按照指定的工位站立，按教师的指令同时进行独立的操作。

3. 实训教师的职责

（1）讲解实训项目的操作步骤和相关的注意事项；
（2）下达操作指令；
（3）巡视、检查、指导，纠正学生操作中的错误；
（4）课堂总结；
（5）组织学生对实训室进行清洁整理。

4. 学生的职责

（1）认真观看教师操作示范；
（2）完成教师布置的任务；
（3）做好课后的清洁整理工作。

五、实施步骤

1. 作业前准备

（1）清洁、整理工位，准备好相关的工具和设备。

（2）学生列队站立在实训车辆右侧。

（3）安装汽车维修防护设备：尾气排气抽气管，车轮挡块，驾驶席座椅套，方向盘套。

2. 了解客车空调控制面板

（1）客车空调控制面板位置。

实训用客车为手动空调，控制面板安装在中控仪表台中间位置，如图 1-3 所示。空调出风口位于车厢顶部两侧，如图 1-4 所示。进风口位于车厢通道顶部，如图 1-5 所示。

图 1-3　空调控制面板

图 1-4　出风口

图 1-5　出风口

（2）客车空调控制面板介绍。

客车空调控制面板由 A/C 开关、温控旋钮、风量旋钮及三个指示灯组成，如图 1-6 所示。

图 1-6　控制面板

A/C 开关：控制空调压缩机的开启与停止，只有开启压缩机，空调系统才有低于环境温度的冷气输出。

温控旋钮：用于室内温度的设定。当旋至红色区域时，可获得与外部温度相同的空气（在小型乘用车上，则是发动机的余热被空调系统带入车厢内，可获得高于外部环境温度的热风）；当旋至蓝色区域时，在 A/C 开关开启的的情况下，可获得低于环境温度的冷气（注意，在 A/C 开关未开启时，此旋钮对空气温度调节无效）。

风量旋钮：有挡调速，用于调节车厢出风口的风速，即单位时间内的出风量，从而控制车厢内部空气热交换的速度。

除控制面板外，还有一个换气按钮，位于空调控制面板右下侧，如图 1-7 所示，控制车厢顶部一台换气风扇的开启，如图 1-8 所示。换气风扇使用对车厢内部抽气的方式实现车厢内部空气与外部空气的交换（无热交换），当车辆在换气时，车厢内部空气压力低于外部空气，新风从车厢四周缝隙灌入，可以使车厢内部空气成分接近于外部环境，有利于二氧化碳等有害气体的排除，增加含氧量；但负面效果是车厢内部的温度也更接近外部环境，对车厢内温度控制不利。

图 1-7　换气按钮

图 1-8　车厢顶部的换气风扇

3. 感知客车空调系统

（1）启动车辆，不开启空调。

① 启动车辆前确认驻车制动器在拉起状态，手动变速杆位于空挡位置。

② 启动后发动机必须预热，使冷却液温度达到正常工作温度。

（2）将风速计迎面对准车厢顶部出风口。

① 风速计正面对准出风口。

② 出风方向与风速计标识的方向一致。

③ 测量出风的风速以及温度。

（3）启动汽车空调。

① 温控旋钮顺时针旋转至蓝色区域极限位置。

② 风量旋钮顺时针旋转至极限位置，此时"电源"指示灯亮启。

③ A/C 开关按至"开"位置，此时"制冷"指示灯亮启。

（4）采集来自空调进风口，空调出风口，车厢前、中、后部乘坐席的温度、风速信息。

① 风速计不少于 5 只。

② 15 名学生均匀分布于车厢内部坐席上，安排其中 5 名学生负责读取空调出风口、进风口、乘坐席的温度、风速数据，每分钟报一次，其余同学负责记录。

③ 测试时间不少于 20 min，以获得足够的数据量。

④ 测试结束，关闭空调，关闭客车发动机。

4. 作业后整理工位

（1）整理设备、仪器。

（2）整理、清洁汽车。

（3）撤除汽车维修防护设备：尾气排气抽气管、车轮挡块、驾驶席座椅套、方向套。

（4）测试仪器放回指定位置。

六、实训后作业

（1）按要求填写工作记录表。

（2）根据实训时采集的数据，制作出风口温度-时间变化曲线图。

（3）根据实训时采集的数据，制作进风口温度-时间变化曲线图。

（4）根据实训时采集的数据，制作乘坐席温度-时间变化曲线图。

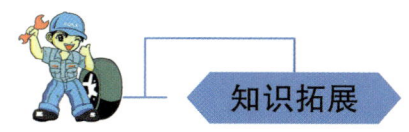

知识拓展

　　对于非独立式空调系统，制冷效率的高低与发动机的转速、冷凝器的散热效果直接相关，通常在相同的外部温度环境下，发动机转速越高，车速越快，制冷效率越高。因为发动机转速越高，制冷系统搬运"热"的速度越快，但这只是获得较高制冷效果的必要条件，车内空间的密闭程度、保温效果、载客人数等，都对车内降温的速度有直接影响。

　　车内降温速度也与空调出风口冷风的温度、流速直接相关，出风口冷风与环境温度的温差越大，风速越大，降温速度越快，当温差逐渐减小时，降温效果明显减慢。

项目二

CNG/纯电动大客车空调系统的基本维护

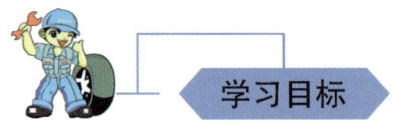

学习目标

（1）了解客车空调滤芯的作用。
（2）掌握客车空调滤芯的清洁方法。
（3）了解客车空调冷凝器的作用。
（4）掌握客车空调冷凝器的清洁方法。

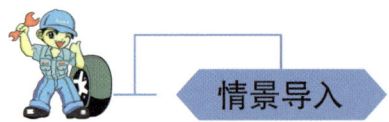

情景导入

一辆公交客车进入保养维修厂，进行春夏之交的季节性维护，经开启空调测试，出风风量明显偏小，制冷效果不明显，有明显异味。经诊断确认空调滤芯脏堵，空调冷凝器表面脏堵。

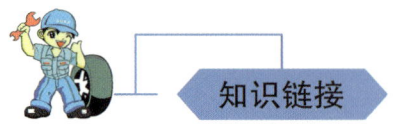

知识链接

客车空调滤芯的作用是过滤从车厢进入蒸发器的空气，对空气中的粉尘、短纤维、细菌等微小颗粒物有阻挡作用，如图 2-1 所示。若没有空调滤芯，粉尘、短纤维、细菌等会附着在蒸发器的铝质散热片上，在高湿温暖的气候条件下，霉菌、细菌会大量繁殖，然后随风吹入车厢内部，造成人头昏、恶心，甚至引起上呼吸道感染。同时，还会造成空气在通过蒸发器时阻力增大，严重影响出风口空气的流速与温度。

图 2-1　客车空调滤芯

客车上使用的空调滤芯为两级，第一级为尼龙纤维网+低密度人造海绵，其主要作用是阻挡悬浮在空气中的短纤维和大颗粒粉尘；第二级为高密度人造海绵，其主要作用是进一步过滤微小粉尘和部分烟气、细菌、花粉等微小空气悬浮物，两级空调滤芯对有害气体无吸附过滤作用。

这种过滤方式在效果上比小型乘用车的差，但是可以定期取下清洗，以便重复使用（小型乘用车用的空调滤芯为一次性使用，脏堵后只能更换），这是从经济和客车实际使用情况上作出的选择。

客车长期在公路上行驶，由于冷凝器需要与外界空气进行热交换，也会导致在冷凝器铝质散热片表面附着大量粉尘、短纤维、油污等杂质，当这些物质在冷凝器表面附着过多时，必然影响冷凝器对外的散热效果，导致制冷系统工作压力偏高、发动机负荷过重、制冷效果严重下降。

 项目实施

一、技术标准与要求

（1）确保操作人员及设备安全。

（2）拆洗空调滤芯部件时，需注意保护环境，避免粉尘的二次飞散。

（3）检查蒸发器出水口是否堵塞。

（4）拆解冷凝器护罩时，要避免内部零件的损坏。

（5）清洗好的滤芯应在干燥后完全安装到位，并完整填充整个进风口。

（6）用压缩空气等对冷凝器进行清洁工作时，应做好操作人员的安全防护工作。

（7）用高压水枪喷射清洗时，注意对电气设备、线束的防护。

（8）维护前和清洁安装完毕后，在相同的温度环境下，需要开启空调系统，对车厢出风口的风速、温度作记录，以便对比清洁后的效果。必要时，还需要测出维护前后制冷系统高、低压端的工作压力。

二、实训时间

实训时间为 160 min。

三、实训器材

升降台、CKZ6710NB5 型客车、压缩空气机和高压水枪，如图 2-2 所示。

（a）升降台

（b）CKZ6710NB5 型客车

（c）压缩空气机

（d）高压水枪

图 2-2　实训器材

四、教学组织

1. 教学组织形式

本课程为实训课,实训教师 1 名,学生每 5 人一组,模拟对实训用客车的空调系统进行维护操作。

2. 学生的站位分工和要求

学生按照指定的工位站立,按教师的指令同时进行独立操作。

3. 实训教师的职责

(1)讲解实训项目的操作步骤和相关的注意事项;
(2)下达操作指令;
(3)巡视、检查、指导,纠正学生操作中的错误;
(4)课堂总结;
(5)组织学生对实训室进行清洁整理。

4. 学生的职责

(1)认真观看教师操作示范;
(2)完成教师布置的任务;
(3)做好课后的清洁整理工作。

五、实施步骤

1. 作业前准备

(1)清洁、整理工位,准备好相关的工具和设备。
(2)学生列队站立在实训车辆左侧。
(3)穿戴好个人防护用品(连体式防护服、护目镜、口罩),如图 2-3 所示。

(a)连体式防护服

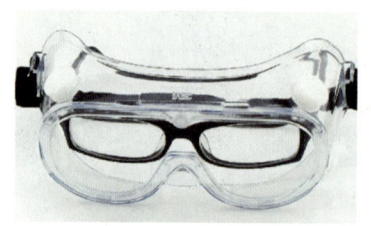
(b)护目镜

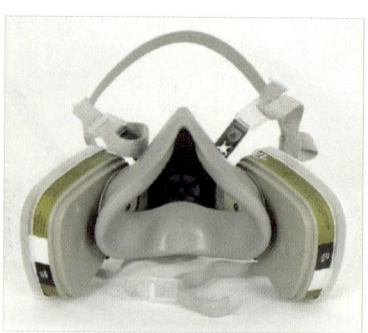
(c)口罩

图 2-3 防护用具

2. 客车空调基本维护

（1）启动发动机，热车后打开空调制冷系统；待空调工作 5 min 后测量空调进风口、出风口的风速、温度数据，并作记录。

（2）空调停机，发动机熄火，维护空调滤清器。

① 打开车厢顶部进风口盖，抽出第一级空调滤芯，取出进风口两侧的第二级空调滤芯。

② 在指定的安全区域用高压水枪冲洗两级滤芯，必要时可加清洁剂洗涤。冲洗干净后再用压缩空气吹干。检查滤芯的完整性。检查无误后，装回相应位置。

③ 检查蒸发器出水管路是否畅通，若堵塞，使用疏通工具进行疏通。

④ 在汽车外部高空作业平台上拆除空调冷凝器罩壳。清洁空调系统冷凝器。

（3）汽车发动机熄火，关闭车门、车窗，维护冷凝器。

① 高空平台上的操作人员做好个人防护，使用压缩空气对冷凝器（见图 2-4）的灰尘、纤维、泥土等进行吹除作业，可使用毛刷等清洁工具辅助，直至冷凝器表面露出金属叶片本体。

图 2-4 冷凝器

② 装回空调冷凝器罩壳。

（4）启动发动机，启动空调制冷系统。运行几分钟后，车厢内部人员测量出风口速度、温度；高空平台人员检查所有电子风扇是否在正常运转，并做好测量记录。

（5）参照空调维修手册，以及维护前的风速、温度数据，对本次维护工作及本车空调制冷系统的工作能力作评价。

3. 作业后整理工位

（1）整理设备、工具。

（2）整理、清洁汽车。
（3）工具、测量仪器放回指定位置。

六、考核标准

（1）工作流程的完整性。
（2）每道工序的工作质量与熟练程度。
（3）个人的安全防护：眼睛、呼吸道、身体。
（4）测量的记录完整性、真实性。
（5）维护作业完成后的工作现场 5S 工作。

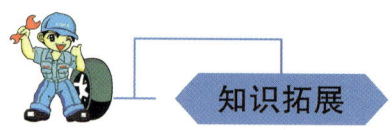

知识拓展

　　客车空调系统的滤芯在日常维护中，第一级滤芯的清洁通常由驾驶员完成，需根据客车的运行状况每天或几天一次；第二级滤芯在客车进维修厂后由专门人员进行维护，其清洁、安装必须认真细致，不得有破损或者安装不到位的情况，否则，在制冷系统工作的过程中，大量的粉尘会被吸入并粘附在蒸发器表面；由于蒸发器在制冷过程中会持续产生大量的冷凝水，导致这些粉尘会随冷凝水进入出水管道，长时间淤积有可能导致蒸发器出水口堵塞，进而导致车顶和出风口漏水。

　　对于纯电动客车，由于压缩机、控制系统部分电路由高压电流驱动，因此在作维护前必须严格按照具体车型的维修手册和安全操作规程，在穿戴好绝缘防护装具的前提下实施断电或拆除动力电池，并按照操作规程对控制系统内部（超级电容）进行放电处理，确认没有高压电的存在后才能实施维护作业。空调系统鼓风机、冷却风扇由低压直流电驱动，相对安全，维护工作的实施与 CNG 客车相同。

项目三 认识电的危害

（1）了解人体各部位的电阻值，以及通过电流时人体反应的级别。
（2）了解触电对人体的伤害。

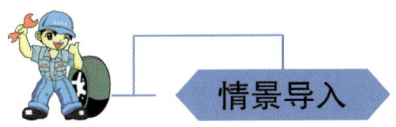

一辆运营中的客车，需要返厂进行动力电池的维护和高压电气设备的安全检查。维修人员应严格执行安全操作规程，作好个人的安全防护。

一、电的危害

电能做功的多少与电流大小、电压高低、通电时间长短有关。导电物体上的电压越高、电流越大、通电时间越长，电能做功越多。如果人体有电流通过时，电能会转换为其他能量形式，有可能会造成不同程度的伤害。

二、人体是导体

人体有一定的电阻值,当与带电体接触时有可能成为电流回路的一部分,通常,人体穿着的衣物、皮肤的湿度对电阻值有直接的影响,电流出入人体的部位不同,电阻值也有所不同,因为人接触电源时,电压往往是一定的,所以电阻值越小的通路,电流越大,往往造成的伤害也越严重。人体不同通路的电阻值如表 3-1 所示。

表 3-1 人体不同通路的电阻值

电流路径	人体电阻
手—手	约 1 000 Ω
手—脚	500～750 Ω
手—胸	230～450 Ω
手—臀部	约 300 Ω

三、通过人体的电流值与人体的生理反应

通过人体的电流越大,人体的生理反应和病理反应越明显,引起心室颤动所需要的时间也越短,致命的危险性越大。按照人体呈现的状态,可以将通过人体的电流分为三个级别。

1. 感知电流

在一定概率下,通过人体引起人有任何感觉的最小电流,称为感知电流。感知电流的最小值称为感知阈值。感知电流一般不会对人体构成伤害,但当电流增大时,感觉增强,反应加剧,可能会导致人体坠落等二次事故。

2. 摆脱电流

当通过人体的电流超过感知电流时,肌肉收缩增加、刺痛感增强、感觉部位扩展。当电流增大到一定程度时,由于中枢神经反射和肌肉收缩、痉挛,触电人将不能自行摆脱带电体。在一定概率下,人触电后能自行摆脱带电体的最大电流,称为该概率下的摆脱电流。摆脱电流的最小值称为摆脱阈值。摆脱电流与人体生理特征、电极形状、电极尺寸等因素有关。对应于概率 50%的摆脱电流,成年男子约为 16 mA,成年女子约为 10.5 mA,可理解为人群中在此电流值下,有一半的人可以自行摆脱与带电体的

接触，另一半人可能不能自行摆脱。折算成触电电压，当人体触摸到直流电压值在 80～160 V 的带电体时有可能摆脱，电压更高，自行摆脱的可能性下降。需要特别说明的是，绝对不能理解为此电压值对人体是安全的！

摆脱电流是人体可以忍受但一般尚不至于造成不良后果的电流。电流超过摆脱电流后，人会感到异常痛苦、恐慌和难以忍受；如时间过长，则可能昏迷、窒息，甚至死亡。

3. 室颤电流

通过人体引起心室发生纤维性颤动的最小电流称为室颤电流。室颤电流的最小值称为室颤阈值。室颤电流是可以在短时间内使人致命的最小电流，室颤电流受电流时间、电流途径、电流种类、人体生理特征等因素的影响。当电流持续时间超过心脏搏动周期时，人的室颤电流约为 50 mA；当电流持续时间短于心脏搏动周期时，人的室颤电流为数百毫安；当电流持续时间在 0.1 s 以下时，500 mA 以上的电流可引起心室颤动。

可理解为电流作用在人体的时间越长，电击危险性越大。整个触电的过程还会导致人体电阻随通电时间的增加而减小，体内积累（转换）的能量增加，中枢神经反射增强，危害进一步增加。

电流通过人体对人体的影响，如图 3-1 所示。图中线 a 是触电者有感觉与反应的起始线（0.5 mA），在 a 线左方无感觉无反应，即"区域 1"为无反应区；从该线开始，往右方为有感觉有反应区。线 b 是安全曲线。b～c 之间为非致命的病理生理效应区，可能发生痉挛、呼吸困难、心脏机能紊乱。线 c 的右边，即"区域 4"为可能致命的心室颤动严重烧伤危险区。

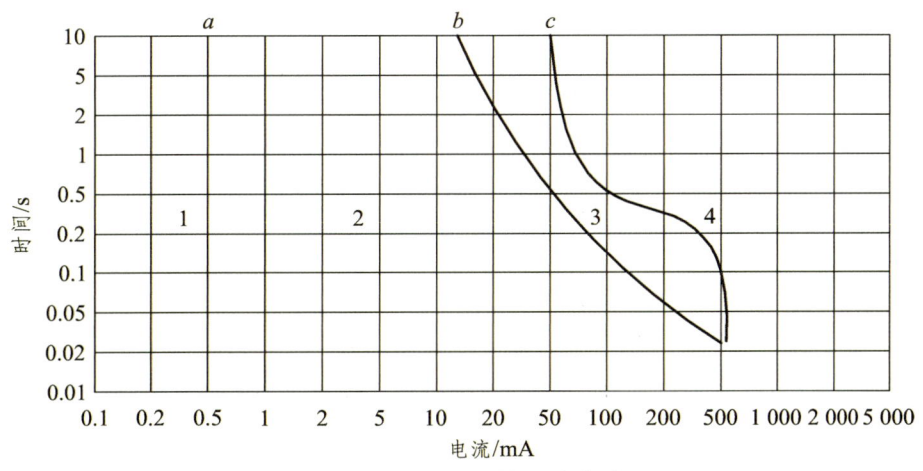

图 3-1 电流通过人体影响曲线图

四、触电对人体的伤害

1. 电击

电流通过人体或动物体而引起的病理、生理效应称为电击。电流通过人体内部会造成人体器官损伤，破坏人体内细胞的正常工作，主要表现为生物学效应。电流通过人体，会引起麻感、针刺感、压迫感、打击感、痉挛、疼痛、呼吸困难、血压异常、昏迷、心律不齐、窒息、心室颤动等症状。心室颤动是小电流电击使人致命最多见和最危险的原因。发生心室颤动时，心脏每分钟颤动 1 000 次以上，但幅值很小，没有规律，血液实际上已经终止循环。当人体遭受电击时，如果没有电流通过心脏，也可能经神经中枢系统反射作用于心肌，引起心室颤动。由于电流的瞬间作用而发生心室颤动时，呼吸可能持续 2~3 min，在丧失知觉前，有时还能叫喊、动，但是由于心脏已进入心室颤动状态，血液已终止循环，大脑和全身迅速缺氧，病情将急剧恶化，如不及时抢救，将很快导致死亡。

2. 电伤

电流转换为其他形式的能量作用于人体的伤害称为电伤。电伤是由电流的热效应、化学效应、机械效应等对人造成的伤害。

（1）电灼伤。

电灼伤是电流的热效应造成的伤害，分为电流灼伤和电弧烧伤两种情况。电流灼伤是人体与带电体接触，电流通过人体由电能转换为热能造成的伤害。电弧烧伤是由弧光放电造成的烧伤，分为直接电弧烧伤和间接电弧烧伤两种情况。直接电弧烧伤是带电体与人体之间发生电弧，有电流流过人体的烧伤；间接电弧烧伤是电弧发生在人体附近对人体的烧伤，如熔化了的炽热金属溅出造成的烫伤。

（2）电烙印。

电烙印是人体与带电体接触的部位留下的永久性斑痕，斑痕处皮肤失去弹性，表皮坏死。

（3）皮肤金属化。

皮肤金属化是由于电流的作用使熔化和蒸发了的金属微粒，渗入人体的皮肤，使皮肤坚硬和粗糙而呈现特殊的颜色。皮肤金属化多是弧光放电时发生和形成的，在一般情况下，此种伤害是局部性的。

（4）机械性损伤。

机械性损伤是电流作用于人体后，由于中枢神经反射和肌肉强烈收缩等作用导致的机体组织断裂、骨折等伤害。

（5）电光眼。

电光眼当发生弧光放电时，由红外线、可见光、紫外线对眼睛的伤害，表现为角膜炎或结膜炎。

项目四

用电安全和紧急防护应急措施

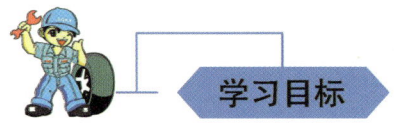

（1）了解电压等级。
（2）了解纯电汽车的电压等级划分。
（3）通用人员安全操作规程。
（4）维修作业时严格禁止的危险操作。
（5）用电安全及防护应急措施。

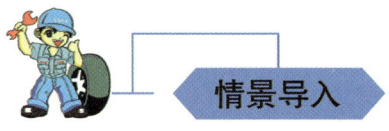

一辆运营中的客车，需要返厂进行动力电池的维护和高压电气设备的安全检查。维修人员应严格执行安全操作规程，作好个人的安全防护。

一、安全电压

电流根据对人体影响的不同程度而划分了等级，同样电压也按照幅值和对人体的伤害程度划分了三个等级：安全电压、低压和高压。

安全电压是指不至使人直接致死或致残的电压。一般环境条件下允许持续接触的"安全特低电压"是 36 V。安全电压也指为了防止触电事故而由特定电源供电所采用的电压系列。

二、电动车的电压等级划分

中华人民共和国国家标准 GB/T 18384.3—2015《电动汽车 安全要求 第 3 部分：人员触电防护》在"4. 电压分级"中明确规定：根据最大工作电压 U，将电气元件或电路分为以下等级，如表 4-1 所示。

表 4-1　电压等级

电压等级	最大工作电压	
	直流/V	交流/V
A 级	$0<U\leqslant 60$	$0<U\leqslant 30$
B 级	$60<U\leqslant 1\,500$	$30<U\leqslant 1\,000$

触电防护应包含防止人员与任何带电部件的直接接触和在带电部件的基本绝缘故障的情况下的触电防护，对于 A 级电压的电路，不要求触电防护。

对于任何 B 级电压电路的带电部件，都应为人员提供危险接触的防护。直接接触防护应由带电部件的基本绝缘提供或是遮挡（外壳），或者两者结合来提供。所有的防护及规定都必须从安全的角度出发，防止人体及电气设备因触电或短路发生故障、造成事故。车上零部件所附的警告标识表明了为减少人员受到伤害或车辆受到严重损伤需要注意的事项，其所述步骤必须严格遵循，必须仔细考虑其所提供的信息。

三、人员安全操作

新能源客车的电气安全工作是一项综合性的工作，技术与组织管理并存。技术和组织管理相辅相成，有着密切的联系。在实际操作中必须贯彻"安全第一，预防为主"的方针。

（1）在新能源客车全部停电或部分停电的电气设备上工作，必须完成下列措施：

① 停电；

② 挂锁；

③ 验电；

④ 再放电；

⑤ 悬挂标识牌；

⑥ 装设遮挡；

⑦ 有监护人。

（2）在打开新能源客车机舱时需要注意下列事项：

① 开启前必须将钥匙拧至"OFF"挡；

② 机舱内部标有高压危险警示标识的器件，严禁用手直接触摸；

③ 发现车辆内部任何导线裸露或破损，禁止触碰任何电线；

④ 如果发生火灾，应立刻离开车辆并用磷酸铵盐类灭火器灭火；

⑤ 车辆机舱严禁喷水、冲洗；

⑥ 不要在雨中打开机舱盖。

（3）使用安全绝缘工具时，需要注意下列事项：

① 加强日常保养，防止受潮、损坏和脏污；

② 使用绝缘手套前要仔细检查，不能有破损和漏气现象；

③ 辅助安全用具不能直接接触 1 000 V 以上的电气设备，在高压区域工作使用时，需要与其他安全用具配合使用。

（4）使用验电设备时，应将验电器缓慢靠近电气设备，如氖光灯发光表示有电；验电器必须按其额定电压使用，不得将低压验电器在高压上使用，也不得将高压验电器在低压上使用。

（5）在高压设备上的检修工作需要停电时，将检修设备停电，必须把各方面的电源全部断开，禁止在仅是点火开关断开电源全部的设备上工作，工作地点各方必须有明显断开点。

四、维修作业中需要注意的其他事项

（1）对于大事故车辆或异常车辆（如有焦糊味、冒烟、侵水等）要有专用的场地事先观测 48 h，并有防爆防火设施。

（2）维修动力电池或更换电芯时，施工人员应做好相应的屏护和警示工作，并出示施工的内容及工作进程。离开施工现场时，应用绝缘隔板或绝缘罩设置在动力电池的外露部分，写明离开原因并公示。维修或更换其他高压部件时，安全工作仍然按照动力电池的安全措施执行。

五、新能源客车作业严格禁止的操作

（1）非持证电工禁止装接新能源客车高压电气设备。

（2）任何人禁止随意操作电气设备和开关。

（3）破损的电气设备应及时更换，禁止使用绝缘损坏的电气设备。

（4）破损的高压导线（含接插器）应及时更换，禁止使用绝缘损坏的高压导线。

（5）设备检修切断电源时，任何人禁止启动挂有警告牌的电气设备，或合上拔掉的熔断器。

（6）禁止用水洗或擦拭电气设备。

（7）熔断丝熔断时，禁止更换容量不符的熔丝。

（8）未经技术部门或主管部门审批，禁止私自进行改动和加装。

（9）发现有人触电，应立即切断电源进行抢救，禁止未切断电源前直接用手触碰触电者。

（10）雷雨天气，禁止在室外对车辆进行充电或维修维护。

六、触电急救

进行触电急救，应坚持迅速、就地、准确、坚持的原则。触电急救必须分秒必争，立即就地迅速用心肺复苏法进行抢救，并坚持不断地进行，同时及早与医疗部门联系，争取医务人员接替救治。在医务人员未接替救治前，不应放弃现场抢救，更不能只根据没有呼吸或脉搏擅自判定伤员死亡，放弃抢救。只有医生有权做出伤员死亡的诊断。

1. 脱离电源

（1）触电急救，首先要使触电者迅速脱离电源，越快越好。因为电流作用的时间越长，伤害越重。

（2）触电者未脱离电源前，救护人员不准直接用手触及伤员，因为有触电的危险。

（3）可以使用绝缘工具、干燥的木棒、木板、绳索等不导电的物品解脱触电者；也可抓住触电者干燥而不贴身的衣服，将其拖开，切记要避免碰到带电物体和触电者的裸露身躯；也可戴绝缘手套后解脱触电者。

（4）在动力电池组维修或更换电芯时触电，触电者受到电击后极易麻痹、昏厥或休克而倒在电池上，由于电池内部的带电部分外露较多，为避免触电面积增加进而对触电者的伤害加大，施救时可用绝缘隔板、干木板或绝缘塑料板插于触电者与电池之间，再进一步将触电者脱离移开，同时施救者也要保护自身安全。

2. 伤员脱离电源后的处理

（1）触电伤员如神志清醒，应使其就地仰面躺平，严密观察，暂时不要站立或走动。

（2）触电伤员如神志不清，应使其就地仰面躺平，且确保呼吸通道通畅，并用5 s时间，呼叫伤员或轻拍其肩部，以判定伤员是否意识丧失。禁止摇动伤员头部呼叫伤员。

（3）需要抢救的伤员，应立即就地坚持正确抢救，并设法联系医疗部门接替救治。

（4）呼吸、心跳情况的判定：触电伤员如意识丧失，应在 10 s 内用看、听、试的方法，判定伤员呼吸心跳情况。看——看伤员的胸部、腹部有无起伏动作；听——用耳贴近伤员的口鼻处，听有无呼气声音；试——试测口鼻有无呼气的气流。再用两手指轻试颈部一侧（左或右）凹陷处的颈动脉有无搏动。根据看、听、试结果，若既无呼吸又无颈动脉搏动，可判定呼吸心跳停止。

项目五

客车空调制冷系统的压力测试作业

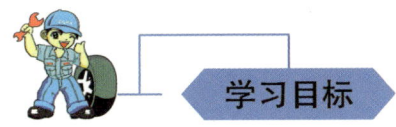

（1）掌握空调压力表组的使用方法。

（2）能够独立、正确、熟练地进行空调制冷系统的压力测试，能够依据测试数据判断汽车空调故障。

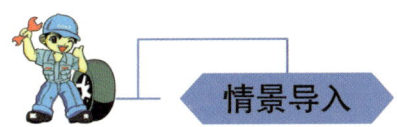

一辆运营中的客车，突然出现空调不制冷的现象，关闭制冷系统一段时间后，再次开启，有短时制冷，现象重复多次，需要返厂检查排除故障。

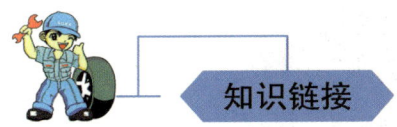

空调制冷系统的正常工作，需要空调系统每个机械部件、电气控制系统、安全保护装置、制冷剂等都必须符合工作要求，否则必然导致故障。对于故障的排查，检测制冷系统内部停止和运行期间的工作压力尤其重要，不仅要获得检测数据，而且还要观察从静止到运行至发生故障时系统高低压端压力变化的过程。压力测试对判断故障类型、故障范围起决定性的作用。

当环境温度在 30 ℃ 且未开机时，制冷系统高低压的侧压力应一致，均为 400～600 kPa；发动机转速在怠速以上且开启制冷系统时，制冷系统低压侧压力一般为 158～241 kPa，高压侧压力为 1 157～1 481 kPa。通过对制冷系统的压力测试，并将数据与标准数据（或者工作正常的车辆测试数据）进行比较，可以判断被测车辆制冷系统工作是否正常，并能对故障进行分析，确定维修方案。

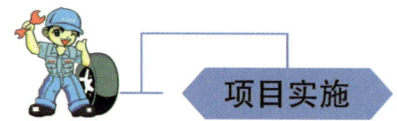

一、技术标准与要求

（1）确保操作人员及设备安全。
（2）检查检测设备和个人防护设备的完好性。
（3）做好完整的测试记录。

二、实训时间

实训时间为 80 min。

三、实训器材

实训车辆、压力表组，如图 5-1 所示。

（a）实训车辆

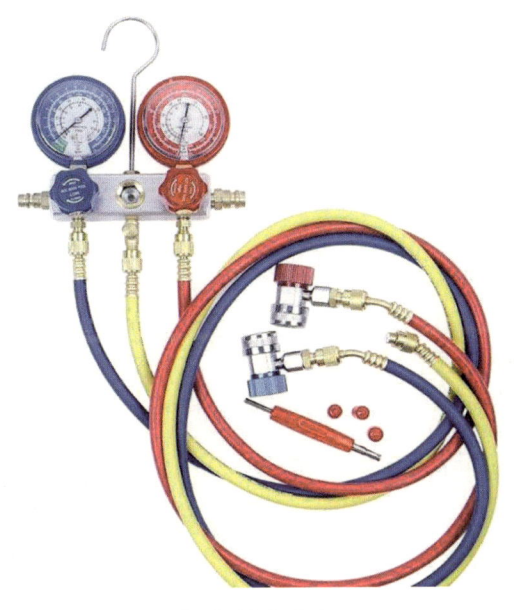

（b）压力表组

图 5-1　实训器材

四、教学组织

1. 教学组织形式

本课程为实训课，实训教师 1 名，学生每 5 人一组，分别负责压力表组的安装、空调系统操作以及压力表组显示读取、记录。

2. 学生的站位分工和要求

学生按照指定的工位站立，按教师的指令同时进行独立的操作。

3. 实训教师职责

（1）讲解实训项目的操作步骤和相关的注意事项；
（2）下达操作指令；
（3）巡视、检查、指导，纠正学生操作中的错误；
（4）课堂总结；
（5）组织学生对实训室进行清洁整理。

4. 学生职责

（1）认真观看教师操作示范；
（2）完成教师布置的任务；
（3）做好课后的清洁整理工作。

五、实施步骤

1. 作业前准备

（1）清洁、整理工位，准备工具和设备。

（2）学生列队站立在实训车辆左侧。

（3）穿戴好个人防护用品（工作服、防护手套、护目镜），如图 5-2 所示。

（a）工作服　　　　　　（b）防护手套　　　　　　（c）护目镜

图 5-2　个人防护用品

（4）检查压力表组的完好性，左右阀门是否关闭。

2. 客车空调制冷系统压力测试

（1）压力表组分别接入汽车制冷系统高压和低压检查口，如图 5-3 和图 5-4 所示。观察连接是否可靠无泄漏，读取并记录制冷系统在未开机时的高低压表读数。启动发动机，热车后打开空调制冷系统，读取并记录高低压表数据；踩汽车油门使发动机转速升高至 3 000 r/min，读取并记录高低压表数据。

图 5-3　压缩机

图 5-4　压缩机高低压检查口

（2）空调停机，发动机熄火，每隔 5 min 观察并记录高低压表数据，直至熄火后 30 min 结束记录。

（3）拆除压力表组，检查制冷系统高低压检查口是否有泄漏，确认无误后盖上原位置塑料盖。盖上汽车发动机引擎盖。

（4）根据停机后记录数据，绘制制冷系统高低压两端的时间-压力曲线。

3．作业后整理工位

（1）整理设备、工具。
（2）整理、清洁汽车。
（3）工具、测量仪器放回指定位置。

六、考核标准

（1）工作流程的完整性。
（2）每道工序的工作质量与熟练程度。
（3）个人的安全防护：眼睛、手、呼吸道、身体。
（4）测量的记录完整性、真实性。
（5）维护作业完成后的工作现场 5S 工作。

知识拓展

制冷系统能否工作或者工作性能的好坏与制冷剂密切相关，有制冷剂的存在并且足量是制冷系统能正常工作的必要条件。通过在停机状态下对制冷系统高低压两端的压力检测，就可以判断制冷剂的多少。通常在 200 kPa 以下，说明系统内部制冷剂即将漏光，此时由于系统有低压保护装置，因此不能进行制冷工作。只有在 200 kPa 以上时，系统才会解除低压保护，从而进行制冷工作，但是效果可能不理想，因为制冷剂本质上就是热的"搬运工"，"搬运工"少效率自然不高。

制冷系统获得低温就是靠制冷剂产生的压力差，这个压力差的产生，是由于空调压缩机工作（增压）以及膨胀阀节流（减压）的共同作用。压力差越大，冷凝器和蒸发器之间的温差也越大，意味着冷凝器对外散热更有利，蒸发器也可获得更低的温度。

空调系统设计时，已经通过对压缩机与膨胀阀的匹配确定了这个压力差的范围，系统正常时，这个值变化不大；超出太多，则通过高压保护装置或者温控器让系统停机，因为此时制冷剂大量沉积在制冷系统高压区域，而没有通过膨胀阀被及时释放出来。过低的压力差则对制冷和散热都不利，制冷效果差。

综合上述，获取制冷系统工作时高低压两端的压力值，并结合环境温度，是判断系统故障原因的重要方法。

项目六

客车空调制冷系统的检漏作业

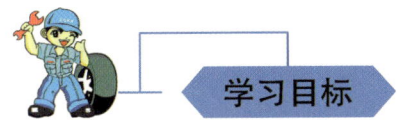

（1）了解客车空调制冷系统检漏的方法。
（2）掌握客车空调制冷系统检漏设备的操作方法。
（3）掌握检漏方法的组合运用。

一辆客车在夏季运营期间，发现空调制冷效果越来越差，很快完全不出冷气了，进入汽修厂检查，经用压力表组读取空调管路的静态压力值，发现高低压两端压力均不到 200 kPa，判断为空调管路泄漏，需找出泄漏点并予以修复。

客车空调在出厂前均作过制冷系统的极限压力测试，以保障制冷系统在极端气候条件下工作时不至胀破而泄漏制冷剂。但现实车辆运营中，由于车辆事故或者制冷系统部件、管接头等破裂，或者密封件老化、破裂等因素，可能导致制冷系统有一处甚

至同时出现几处泄漏点，继而压力越高，制冷剂泄漏越快。

不检查出泄漏点，修复工作则无从做起，若仅仅是重新加注制冷剂，空调系统恢复正常工作的时间通常只有几天甚至几个小时，显然得不偿失。同时制冷剂的泄漏也会将系统内部的冷冻油带出，有可能造成压缩机因润滑不良而过早磨损报废。

检漏的工作也会在更换了制冷系统的某个零部件之后，用来检验新零部件本身与其他零件连接点的密封可靠性。

检漏工作是在制冷系统静止状态下进行的，一般为两步：第一步是确认系统是否有泄漏，如果没有，检漏工作结束；如果确认有泄漏，第二步是通过某种或几种方法查找到泄漏点。在处理完成后，还需要再次确认系统是否有泄漏，直到确认没有泄漏为止，检漏工作结束。

除了因撞击等因素导致的系统严重破损，系统泄漏总是不明显的，而且肯定是出现在系统内部压力高于外部环境压力（一个大气压）的情况下。因此确认系统是否泄漏的必要条件是必须给制冷系统在静止状态下加压达到允许极限值，通常这个标准为 2 000 kPa。

在制冷系统运转的情况下作检漏工作是禁止的，因为检查的过程中操作人员的肢体距离风扇、传动皮带、发动机等运动零部件太近，容易引起安全事故。

确认系统是否泄漏的标准，是在允许极限压力的情况下，系统能在 1~2 h 内保持压力不减小（即用压力表组作压力测试，指针无明显反向转动）。可认为系统无泄漏。

项目实施

一、技术标准与要求

（1）确保操作人员及设备安全。
（2）检查检测设备和个人防护设备的完好性。
（3）做好完整的测试记录。

二、实训时间

实训时间为 80 min。

三、实训器材

实训车辆、真空泵、卤素探测仪、压力表组,如图 6-1 所示。

(a)实训车辆

(b)真空泵

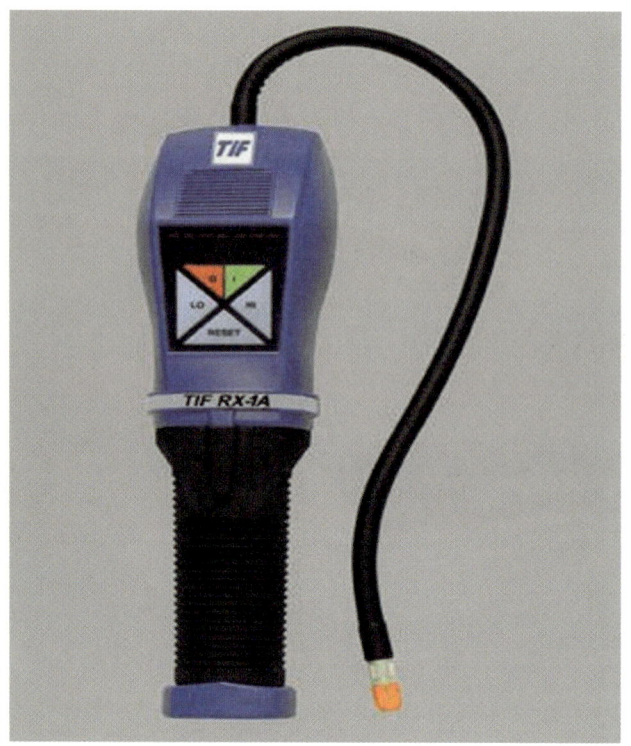

(c)卤素探测仪

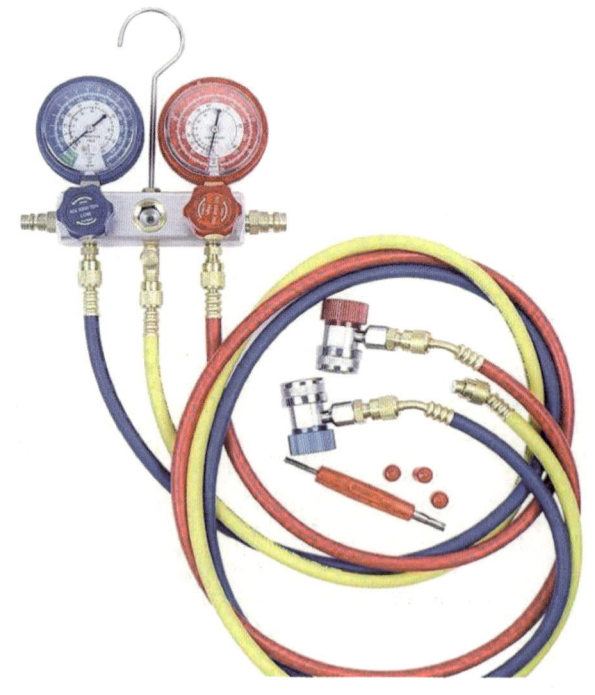

(d)压力表组

图 6-1　实训器材

四、教学组织

1. 教学组织形式

本课程为实训课,实训教师 1 名,学生每 2 人一组,负责压力表组的安装、真空泵的操作、压力表组显示的读取和记录、泄漏点的查找。

2. 学生的站位分工和要求

学生按照指定的工位站立,按教师的指令同时进行独立的操作。

3. 实训教师职责

(1)讲解实训项目的操作步骤和相关的注意事项;
(2)下达操作指令;
(3)巡视、检查、指导,纠正学生操作中的错误;
(4)课堂总结;
(5)组织学生对实训室进行清洁整理。

4. 学生职责

(1)认真观看教师操作示范;
(2)完成教师布置的任务;
(3)做好课后的清洁整理工作。

五、实施步骤

1. 作业前准备

(1)清洁、整理工位,准备工具和设备。
(2)学生列队站立在实训车辆左侧。
(3)穿戴好个人防护用品(工作服、防护手套、护目镜),如图 6-2 所示。

(a)工作服

(b)防护手套

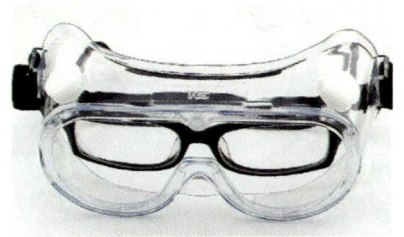
(c)护目镜

图 6-2 个人防护用品

(4)检查压力表组的完好性,左右阀门是否关闭;检查真空泵的完好性;检查卤素探测仪的完好性并调整灵敏度。

2. 客车空调制冷系统的检漏作业

(1)将压力表组分别接入汽车制冷系统高低压检查口,压力表中间管路接入真空泵加压口。观察连接是否可靠无泄漏,读取并记录制冷系统此时的高低压表读数。启动真空泵后迅速打开压力表组高低压阀门,加压至 2 000 kPa 后真空泵停机,迅速关闭压力表组高低压阀门。通过拍照记录高、低压表数据。每隔 5~10 min 观察一次压力表读数,并在同一视角与初始拍照图像比对。当发现有明显变化时,确认系统泄漏。

(2)使用卤素探测仪对制冷系统每一个部件的外表面、管接头处、管路沿制冷剂流动的路线逐一探测,查找并标记泄漏点。

(3)更换新零件,排除泄漏故障。

(4)重复步骤(1),如检测通过,确认无泄漏,检漏作业结束。

3. 作业后整理工位

(1)整理设备、工具。

(2)整理、清洁汽车。

(3)工具、测量仪器放回指定位置。

六、考核标准

(1)工作流程的完整性。

(2)每道工序的工作质量与熟练程度

(3)个人的安全防护:眼睛、手、呼吸道、身体。

(4)测量的记录完整性、真实性。

(5)维护作业完成后的工作现场 5S 工作。

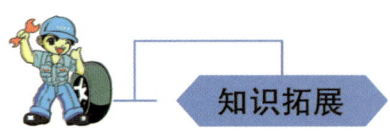

制冷系统漏点的查找,需要仪器、耗材的配合,检漏的方法有多种,但所有方法都是让泄漏点通过某种迹象被眼睛、仪器探测到,这种迹象包括正在泄漏中的氟利昂气体、人为加入系统的荧光显影剂、冷冻油与灰尘的混合物、洗涤剂等易产生泡沫的液体物质。实际的实车检漏过程中,了解车辆的使用状况也有助于缩短找到泄漏点的过程,比如客车车龄、空调维修记录、车辆事故记录、空调使用者对故障现象的描述等。

项目七

客车空调制冷系统抽真空和制冷剂加注作业

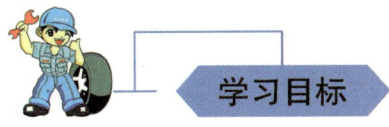

（1）掌握制冷剂加注的工艺规范和操作方法。
（2）掌握对制冷剂加注是否足量的评价方法。

一辆客车的空调系统，完成了对压缩机的更换。需要对制冷系统进行抽真空和制冷剂的加注作业，以便让制冷系统恢复工作。

空调系统除了利用制冷剂造成的压力差实现热交换的工作，更重要的是还要利用液态制冷剂减压蒸发时吸收极大的汽化潜热，比如 R134a 制冷剂的汽化潜热可以达到 215 kJ/kg，这是空调制冷系统能够高效制冷的核心。

制冷系统对制冷剂有以下要求：

（1）在常温下（20 ℃～60 ℃）容易被压缩成液体，即不需要消耗极大的机械能。

（2）选用的制冷剂汽化潜热大，这样在汽化的过程中才能做到升温缓慢，吸热较多，相对于需要被降温的室内空气则表现为放热多，降温快，同时也能获得较低的温度。

（3）化学性质稳定，对制冷系统内部的管道、密封件、运动零件无腐蚀性，内部润滑油与之接触不变质。

（4）泄漏之后无公害。

常见的R134a（氟利昂）是一种比较理想的制冷剂，常温下加压至800 kPa（8个大气压）左右时即转变为液体，且汽化潜热大，化学性质稳定，对铜、铁等金属无腐蚀性，与之配套使用的润滑油不会因长期接触而变质，泄漏后对人体无影响。

空气的成分复杂，主要由氮气、氧气、二氧化碳、水蒸气等组成，在常温下需要上百至上千个大气压才能让多数气体变为液体。常规的空调压缩机没有这种能力，空调系统也承受不了如此巨大的内部压力，而且液化空气减压汽化时会获得极端的低温，人体承受不了。而且氧气、二氧化碳、水分等对铜、铁等金属有较明显的腐蚀作用。

客车空调的制冷系统在设计时就是使用R134a作制冷剂的，通常压缩机能把制冷剂加压到1 800 kPa左右，显然这种设备不能把空气加压变为液体。

如果空气存留在制冷系统内部，危害很大，可分为实时危害和远期危害两个方面：

（1）制冷系统内部空间是非常有限的，空气的存留必然会挤占R134a制冷剂的空间，导致加注量过少，制冷效果必然变差，尽管空气可以被压缩，但远没达到能利用其汽化潜热的程度，因此对制冷工作的贡献极小。大量的机械能被浪费掉，整个系统的能效比极差。

（2）远期危害表现在水分对系统内部机件的严重腐蚀，导致压缩机工作效能下降甚至卡死。过高的排气温度并在氧气的共同作用下，会导致润滑油碳化变质，丧失对机件的润滑作用，还容易堵塞膨胀阀口，导致制冷剂无法流动。被氧化腐蚀的管道内部会形成隔热层，也导致传热困难，对放热、吸热都不利。

因此，排除制冷系统内部空气、水分等有害物质是保障其高效工作的必须工艺，目前最好的办法是抽真空，因为系统内部已经凝结的水分只有通过减压汽化的形式被带出来，而试图用制冷剂挤出内部空气的方法既不经济，效果也很差，不但不能排除水分，反倒有可能因R134a制冷剂的减压吸热，导致水凝固成冰，更不易排出。

由此也反映出参与制冷工作的制冷剂，自身的纯度也极为重要。凡是含有水分、杂质或者混有另一种型号制冷剂，都会对制冷系统的工作效率、使用寿命产生极大的影响。这些有害成分来自于制冷剂本身质量问题、不规范的维修、加注以及制冷系统长时间工作产生的污染等。

通常，对于需加注进制冷系统或者从制冷系统回收的制冷剂，在使用之前都必须用制冷剂鉴别仪对其进行纯度测定，凡是纯度低于98%的都不得使用。

项目实施

一、技术标准与要求

（1）确保操作人员及设备安全。
（2）检查检测设备和个人防护设备的完好性。
（3）实训车辆使用R134a制冷剂，冷冻油为聚烯基乙二醇（PAG）。
（4）做好完整的工作、测试记录。

二、实训时间

实训时间为80 min。

三、实训器材

实训车辆、制冷剂、冷冻油、回收加注机、制冷剂纯度检测仪，如图7-1所示。

（a）实训车辆

(b)制冷剂

(c)冷冻油

(d)回收加注机

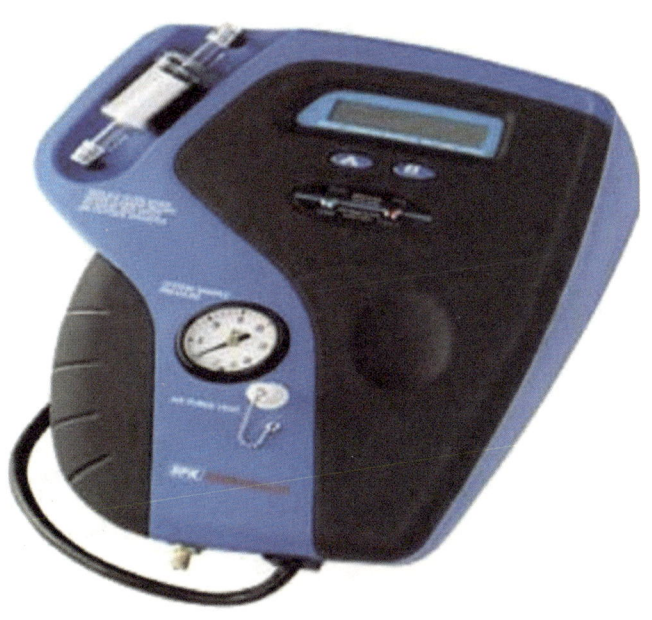

(e)制冷剂纯度检测仪

图7-1 实训器材

四、教学组织

1. 教学组织形式

本课程为实训课,实训教师1名,学生每5人一组,负责回收加注机的操作,高、低压力表显示读取和记录,客车空调系统的开启控制等。

2. 学生的站位分工和要求

学生按照指定的工位站立,按教师的指令同时进行独立的操作。

3. 实训教师的职责

(1)讲解实训项目的操作步骤和相关的注意事项;

(2)下达操作指令;

(3)巡视、检查、指导,纠正学生操作中的错误;

(4)课堂总结;

(5)组织学生对实训室进行清洁整理。

4. 学生的职责

(1)认真观看教师操作示范;

(2)完成教师布置的任务;

(3)做好课后的清洁整理工作。

五、实施步骤

1. 作业前准备

(1)清洁、整理工位,准备工具和设备

(2)学生列队站立在实训车辆左侧。

(3)穿戴好个人防护用品(工作服、防护手套、护目镜),如图7-2所示。

(a)工作服

(b)防护手套

(c)护目镜

图7-2 个人防护用品

（4）检查回收加注机的完好性。

（5）实训教师讲解回收加注机的功能和使用方法，如图 7-3 所示为回收加注机控制面板。

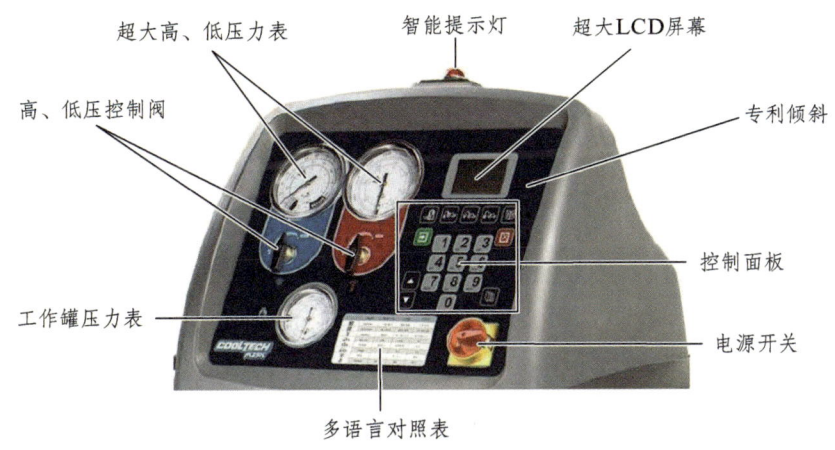

图 7-3 回收加注机控制面板

2. 客车空调制冷系统抽真空和加注作业

（1）使用制冷剂鉴别仪对制冷系统管路现有的制冷剂进行鉴别。

① 如果制冷剂的纯度大于 98%，可直接回收。

② 否则不能继续使用，需另做环保处理。

（2）连接并检查回收加注机。

① 回收加注机分别与制冷系统高低压阀口连接。

② 检查回收加注机面板上高低压阀门处于关闭位置。

③ 检查罐内制冷剂压力是否在 700 kPa 以上。

④ 检查高低压软管是否完好、快速接头阀门处于关闭位置

⑤ 检查注油瓶内冷冻油是否清洁、充足。

⑥ 检查排油瓶内的冷冻油是否太满。

（3）回收加注机开机排气，记录本机罐内制冷剂量。取下制冷系统高低压阀口盖，妥善保管。

① 分别连接高低压快速接头，并检查确认其牢固连接后打开快速接头阀门。

② 查看回收加注机上高低压表的显示，记录空调制冷系统的静态压力。

（4）回收制冷剂。

① 启动发动机，空调系统开机运行 3～5 min 后关机，关闭发动机。

② 点击回收加注机操作面板上的回收按钮。

③ 打开回收加注机面板上的手动高低压阀门。

④ 按下"开始/确认"键开始回收。

⑤ 当低压表指针降到 -68.95 kPa，持续 5~10 s 后按下"停止/取消"键。

⑥ 按照操作界面的指示，作排油操作，记录排油瓶内冷冻油的增加量。

（5）抽真空。

① 按下操作面板上的"抽真空"键。

② 设定第一次抽真空的时间为 3 min。

③ 按确认键，回收加注机工作 3 min 后自动停止，观察面板上高低压表是否降到 -90 kPa。

（6）关闭面板上的高低压阀门，保压。

① 如仪表显示没有明显变化，则可加注冷冻油。

② 打开高压阀门，当操作界面出现"注油"提示的时候，按下"开始/确认"键。

③ 根据回收冷冻油的量再多加 20 ml，作为加注制冷系统的冷冻油总量。到达设定加注量时，再次按下"开始/确认"键停止注油。按下"取消"键，返回原始界面。

④ 关闭面板上的高低压阀门。

（7）第二次选择抽真空功能，设定时间为 5 min；只打开面板上低压阀门，高压阀门保持关闭状态。

（8）第二次抽真空停止后，关闭面板上的低压阀门，观察面板上的高低压表是否在 -90 kPa。

提示：实际上这也是对制冷系统进行检漏，使用的是负压。通常系统各密封件在耐受正向高压时能保证密封，负压时可能会丧失密封，空气会趁未加注制冷剂时窜入系统。

（9）加注制冷剂与设备管理自清理。

① 查看维修手册，确定该空调系统要求的制冷剂加注量。

② 点击操作面板上的"充注"键。

③ 用数字键设定加注量（注意要适当多设置加注量，因为设备软管会容纳部分制冷剂，会造成实际加入系统的制冷剂不足）。

④ 打开设备面板上的高压阀门，低压阀门保持关闭。低压快速接头阀门关闭。

⑤ 按下"开始/确认"键，设备自动开始加注。

⑥ 加注完成，关闭设备面板上高压阀门，关闭高压快速接头阀门。取下高低压快速管接头。

⑦ 点击界面出现"下一步，管路清理"，按下"开始/确认"键。

（10）使用卤素探测仪对系统高低压阀口检漏。

（11）还原设备。

3. 作业后整理工位

（1）整理设备、工具、仪器。

（2）整理、清洁客车。

（3）工具、测量仪器放回指定位置。

六、考核标准

（1）工作流程的完整性。

（2）每道工序的工作质量与熟练程度。

（3）个人的安全防护：眼睛、手、呼吸道、身体。

（4）测量的记录完整性、真实性。

（5）维护作业完成后的工作现场5S工作。

知识拓展

在制冷系统中，制冷剂的加注量必须符合维修手册的要求，过多的制冷剂不但不能增强系统的制冷效果，反而由于制冷剂减压不够充分，在蒸发器部分吸热不足，造成制冷效果变差；同时因系统高压区制冷剂"过分拥挤"，压缩机负荷增加，浪费机械能。制冷剂不足则会造成蒸发器部分释放量不足，吸热过多，温度上升较高，压缩机压缩制冷剂时负荷加重。两种情况都会造成制冷系统能效比变差。

冷冻油，即压缩机润滑油，在制冷系统的填充量也是有严格规定的，过多的冷冻油同样会给制冷系统带来负面影响：

（1）在冷凝器部分，由于冷冻油的传热能力较差，大量附着在冷凝器管壁，会严重影响制冷剂与管壁之间的热传递，不利于系统散热。

（2）在蒸发器部分，由于冷冻油不蒸发吸热，而且自身还处在高温状态，因此制冷剂蒸发吸热的能力有很大部分浪费在冷冻油上，而用于吸收室内空气热量的能力自然会被削弱；同时附着在蒸发器管壁上的冷冻油同样会阻碍制冷剂与管壁之间的热传递。

（3）冷冻油进入压缩机的压缩腔，会挤占压缩机的工作容积，造成制冷剂泵送效率下降，相当于减小了压缩机的排量，使制冷系统制工作能力下降。

若冷冻油过少，空调压缩机在工作时，运动部件不能得到充分的润滑和散热，磨损急剧加快，严重的会造成压缩机卡死不能运转。

因此，冷冻油是制冷系统中利弊兼有的物质。用于客车空调系统的压缩机，一般设置有冷冻油液位观察孔，可以检查系统内部冷冻油量是否符合使用标准。

项目八

客车空调制冷系统的竣工检查作业

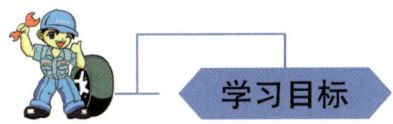

（1）熟悉空调制冷系统竣工后的测试检查流程。
（2）掌握空调制冷系统工作性能的评价标准。

客车空调维修后，需作竣工检查，确定空调是否工作正常。

空调制冷系统维修结束后，需要作开机测试，检查其能否长时间正常工作。理想的情况下，是把车辆放置在极端气候条件中，以最大的热负荷长时间工作，以检验制冷系统的可靠性和能效比能否达到使用要求。但是这种测试条件通常不易获得，过长的测试时间也会增加维修成本。

现实中，只能依据当时的气候条件进行测试工作，将检测到的温度、压力数据与生产厂家提供的测试数据表进行比较，以判断制冷系统工作状态是否正常。需要采集的数据有：制冷系统高低压端压力值、冷凝器进出口温度、蒸发器进出口温度、外部环境温度、湿度。同时，通过观察发动机的运转情况、瞬时油耗、压缩机皮带是否打滑等情况判断空调压缩机运转是否正常。

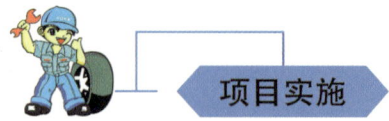

一、技术标准与要求

（1）确保操作人员及设备安全。
（2）检查检测设备和个人防护设备的完好性。
（3）实训车辆使用非独立空调系统。
（4）做好完整的测试记录。

二、实训时间

实训时间为 40 min。

三、实训器材

实训车辆、压力表组、红外线测温仪、风速计，如图 8-1 所示。

（a）实训车辆

项目八　客车空调制冷系统的竣工检查作业

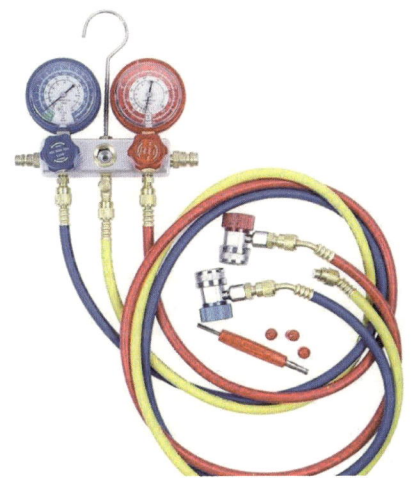

(b) 压力表组

(c) 红外线测温仪

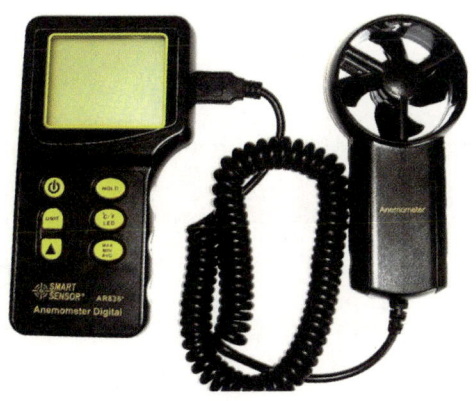

(d) 风速计

图 8-1　实训器材

四、教学组织

1. 教学组织形式

本课程为实训课，实训教师 1 名，学生每 5 人一组，负责制冷系统高低压端压力值、冷凝器进出口温度、蒸发器进出口温度、外部环境温度、湿度数据的采集与记录。

2. 学生的站位分工和要求

学生按照指定的工位站立，按教师的指令同时进行独立的操作。

3. 实训教师的职责

（1）讲解实训项目的操作步骤和相关的注意事项；
（2）下达操作指令；
（3）巡视、检查、指导，纠正学生操作中的错误；
（4）课堂总结；
（5）组织学生对实训室进行清洁整理。

4. 学生的职责

（1）认真观看教师操作示范；
（2）完成教师布置的任务；
（3）做好课后的清洁整理工作。

五、实施步骤

1. 作业前准备

（1）清洁、整理工位，准备工具和设备。
（2）学生列队站立在实训车辆左侧。
（3）穿戴好个人防护用品（工作服、防护手套、护目镜），如图 8-2 所示。

（a）工作服

（b）防护手套

（c）护目镜

图 8-2　个人防护用品

（4）检查压力表组、风速计的完好性。

（5）实训教师讲解空调制冷系统开机后检查部位和操作要点。

2. 客车空调制冷系统的竣工检查作业

（1）压力表组与制冷系统高低压阀口连接。

（2）检查高低压阀门处于关闭位置。

（3）检查高低压软管是否完好、快速接头阀门处于关闭位置。

（4）取下制冷系统高低压阀口盖，妥善保管。

（5）分别连接高低压快速接头，并在确定其牢固连接后打开快速接头阀门。

（6）查看高低压表的显示，记录空调制冷系统的静态压力。

（7）关闭车门及车窗，启动发动机，将空调系统控制面板温控旋钮开至最低，风机挡位旋至最高挡，按下 A/C 开关，制冷系统运行。准备对冷凝器进出口温度、蒸发器进出口温度数据的采集与记录。

（8）使用风速计分别对冷凝器（车外顶部）进风口和出风口进行温度值采集，风速可不记录。

（9）使用风速计分别对蒸发器（车内顶部）进风口和出风口进行温度值采集，风速可不记录。

（10）使用红外测温仪对车厢内部设施进行温度实时采集。

（11）观察压力表组高低压表的数值，记录动态压力数据。

注意：以上三组数据的记录应在同一时刻进行，制冷系统工作开始便同时记录，前 10 min 内每分钟记录一次，以后记录间隔可适当延长至每隔 3～5 min 记录一次，直至车内温度（即车内顶部进风口）下降至 26 ℃左右。

（12）在积液瓶处观察孔检查液体制冷剂流动情况，如无气泡，则表明制冷剂足量，无需补充，否则需在系统运行中从低压阀口端继续补充制冷剂。

（13）观察蒸发器叶片上有无结霜现象，或者在压缩机低压接头处观察有无结霜现象。如果有此现象，则表明制冷剂不足。

（14）数据采集完成，制冷系统关机，发动机停机。取下高低压快速管接头。

（15）使用卤素探测仪对系统高低压阀口检漏。

（16）还原设备。

3. 作业后整理工位

（1）整理设备、工具、仪器。

（2）整理、清洁客车。

（3）工具、测量仪器放回指定位置。

六、考核标准

（1）工作流程的完整性。
（2）每次数据采集的准确性。
（3）根据采集的数据，对照维修手册，对本车空调制冷系统是否正常工作做出评价。
（4）根据采集的数据，生成时间-车内温度、时间-冷凝器散热口温度、时间-系统高低压力变化曲线，对制冷系统工作性能作出评价。
（5）维护作业完成后的工作现场5S工作。

知识拓展

为确认制冷系统是否正常工作，也可以使用专用仪器进行检测，更快，也更准确。但是，制冷系统正常工作只是获得理想制冷效果的必要条件，客车内部降温速度的快慢还与其他三个方面的因素有关：

（1）外部环境的温度、湿度。凡是较低的温度、较大的湿度都有利于冷凝器对外散热，制冷速度可以加快，有利于车内降温，比如下雨时。

（2）车内的温度、载客人数、车厢封闭程度。如果车窗没有遮挡阳光的窗帘、载客人数较多、车厢未密闭（比如有开启的车窗、车门）或开启通风系统，则会严重影响车内降温的速度。

（3）客车自身的工作状态。如果车速较快、发动机转速较快（对非独立式空调），车内降温的速度必然加快，因为较高的发动机转速加快了压缩机的转速，制冷剂循环速度必然加快；另一方面，较快的车速也加快了冷凝器的热交换速度。

因此，客车内部降温速度较慢并不表示制冷系统一定不正常，需要考虑系统以外的一些不利因素是否存在。

项目九

客车空调制冷系统压缩机检查与更换作业

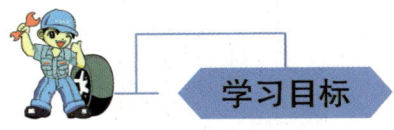
学习目标

（1）客车常用压缩机构造及工作原理。
（2）客车空调压缩机更换的判定标准。
（3）更换客车空调压缩机的方法。
（4）更换客车压缩机后制冷系统恢复工作的方法。

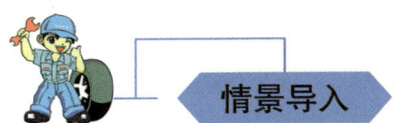
情景导入

一辆公交客车进入汽修厂，驾驶员反映空调制冷效果不理想，气温越高就越明显。经过对系统进行静态压力测试表明，制冷剂并未泄漏；运行后检测系统高低压阀口压力值，高压端压力值 1 100 kPa，低于正常值；低压端压力值 300 kPa，高于正常值，检测冷凝器出风口温度，与环境温度相比升高不明显。判断是压缩机工作能力偏差，需更换空调压缩机。

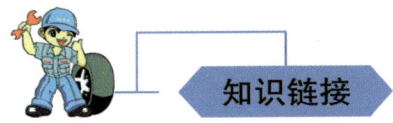
知识链接

压缩机为制冷系统的运行提供了动力，将蒸发器出口低温低压蒸气加压后送到冷凝器中冷却和冷凝。压缩机工作性能的好坏、强弱直接影响到制冷系统热搬运的速度快慢。如图 9-1 和图 9-2 所示为客车空调压缩机实物和剖视图。

图 9-1　客车空调压缩机实物图

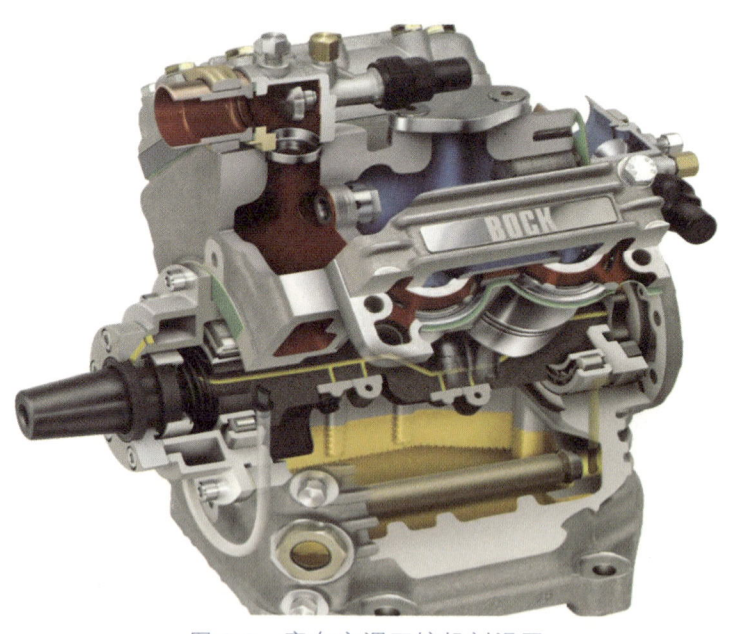

图 9-2　客车空调压缩机剖视图

压缩机有多种结构形式，常见的有活塞式、柱塞式、叶片式、旋涡式和螺杆式。这些不同结构的压缩机，其工作原理有所不同，但也有共性：

（1）都有开放空间以吸纳气态制冷剂，然后压缩空间挤出气态制冷剂的过程。

（2）进气端和排气端都有单向阀门防止制冷剂的逆向流动。

（3）都需要利用冷冻油的循环流动来润滑、密封直接参与空间压缩的核心零件和配合面。

如图9-3所示为旋涡式空调压缩机原理图。

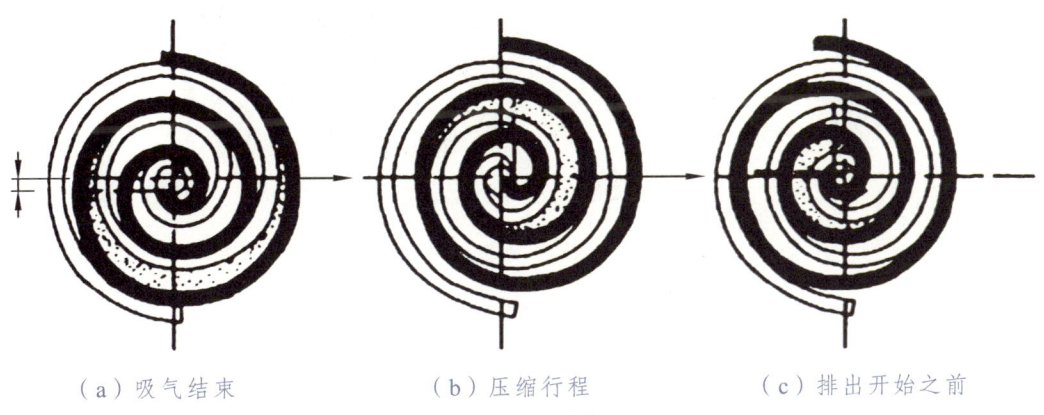

（a）吸气结束　　　　（b）压缩行程　　　　（c）排出开始之前

图9-3　旋涡式压缩机原理图

如图9-4所示为旋涡式空调压缩机剖视图。

图9-4　旋涡式压缩机剖视图

如图9-5所示为叶片式压缩机实物图。

图 9-5　叶片式压缩机实物图

如图 9-6 所示为叶片式压缩机原理图。

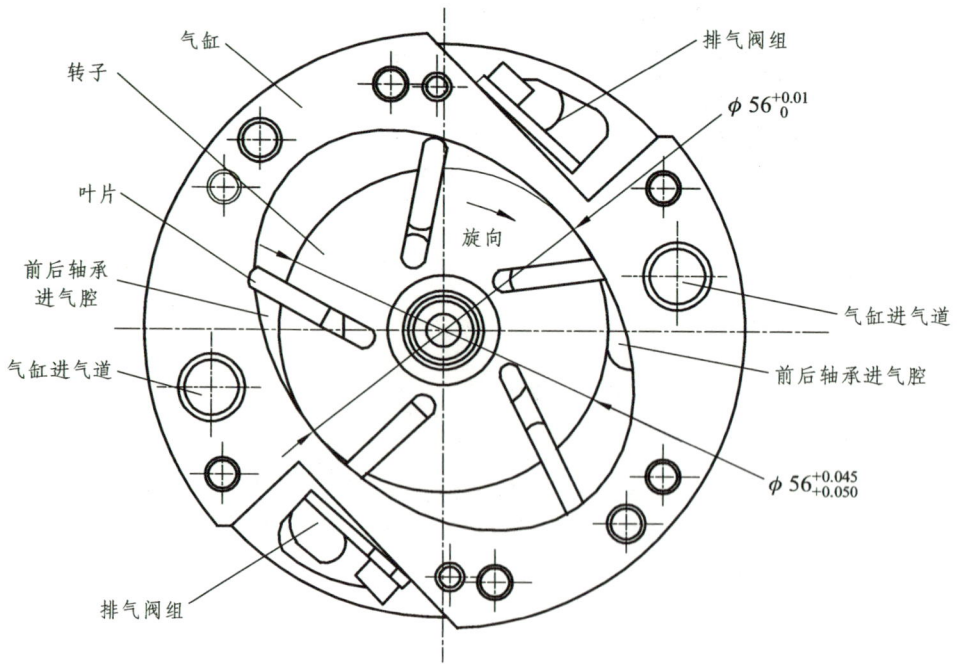

图 9-6　叶片式压缩机原理图

压缩机在工作的过程中，由于相对运动的零件之间的互相摩擦磨损，会引起压缩腔的密封性下降，造成制冷剂向低压区域泄漏而使其压缩能力下降，制冷剂温度上升不足，与外界环境热交换的条件变差，因而使整个制冷系统的制冷能力下降。

压缩机的内部工作环境是非常恶劣的，某些运动零件有可能得不到充分的润滑或者负荷过重造成表面拉伤、变形等非正常损坏，这类非正常损坏，通常表现为驱动压缩机转动的动力非正常增大、传动皮带打滑、电磁离合器打滑甚至不能转动；壳体间的密封垫、密封圈等因为高温、高压、腐蚀的共同作用而失效，表现为制冷剂、冷冻油的泄漏。根据公交系统维修厂的统计，压缩机故障占制冷系统故障的40%左右。

由于压缩机内部零件有严格的配合要求、洁净度要求，外部壳体有严格的密封要求，通常汽修厂会根据压缩机的故障情况进行有条件的维修工作，以压缩机性能鉴别和更换工作为主。

一、技术标准与要求

（1）确保操作人员及设备安全。
（2）检查检测设备和个人防护设备的完好性。
（3）实训车辆使用非独立空调系统。
（4）做好完整的测试记录。

二、实训时间

实训时间为80 min。

三、实训器材

实训车辆、压力组表、起重机、客车空调压缩机、钢丝绳，如图9-7所示。

(a)实训车辆

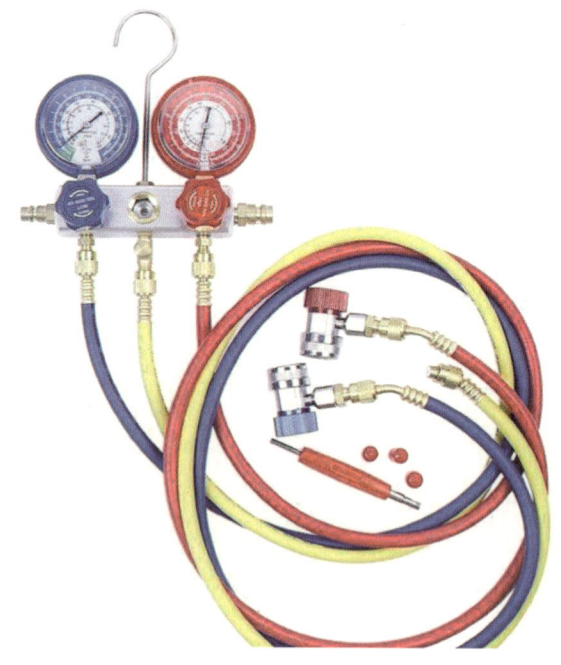

(b)压力表组

项目九　客车空调制冷系统压缩机检查与更换作业

（c）起重机

（d）客车空调压缩机

(e)钢丝绳

图 9-7　实训器材

四、教学组织

1. 教学组织形式

本课程为实训课,实训教师 1 名,学生每 5 人一组,负责压缩机拆除、安装,起重设备操作、修复后制冷系统测试工作。

2. 学生的站位分工和要求

学生按照指定的工位站立,按教师的指令同时进行独立的操作。

3. 实训的教师职责

(1)讲解实训项目的操作步骤和相关的注意事项;

(2)下达操作指令;

(3)巡视、检查、指导,纠正学生操作中的错误;

(4)课堂总结;

(5)组织学生对实训室进行清洁整理。

4. 学生的职责

(1)认真观看教师操作示范;

(2)完成教师布置的任务;

(4)做好课后的清洁整理工作。

五、实施步骤

1. 作业前准备

（1）清洁、整理工位，准备工具和设备。

（2）学生列队站立在实训车辆左侧。

（3）穿戴好个人防护用品（工作服、防护手套、护目镜），如9-8所示。

  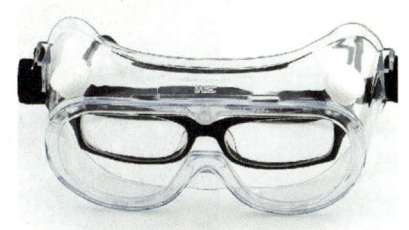

（a）工作服　　　　　　（b）防护手套　　　　　　（c）护目镜

图9-8　个人防护用品

（4）检查起重设备、运输设备、吊装缆绳的完好性。

（5）实训教师讲解压缩机拆除、调运、安装操作要点。

2. 客车空调压缩机检查与更换

（1）制冷系统封闭制冷剂操作，如图9-9所示。

① 关闭压缩机低压接口处维修阀门。

② 关闭压缩机高压接口处维修阀门。

图9-9　压缩机高低压检查口

（2）拆除原车压缩机，如图 9-10 所示。

图 9-10　压缩机安装位置

① 拆解连接压缩机的高低压管接头，拆除密封圈，更换新密封圈，用塑料袋保护管口，防止异物进入。

② 松开压缩机传动皮带的张紧装置，拆除传动皮带。

③ 吊装缆绳捆绑好压缩机，与起重设备连接并轻微张紧。

④ 拆解压缩机地脚螺栓，在起重设备帮助下，压缩机脱离安装位置。

（3）安装新压缩机。

① 在起重设备帮助下，将新压缩机吊装到位。

② 安装地脚螺栓，安装完毕后拆除吊装缆绳和移除起重设备。

③ 安装传动皮带，调整张紧装置使皮带张紧度达到维修手册要求。

④ 分别去掉新压缩机高低压接口保护盖，并与原制冷系统高低压管接头连接，高压端接头注意暂时保持可泄漏状态（螺栓不拧紧）。

（4）排除系统内部空气。

① 打开压缩机低压接口阀门，观察高压端接头的排气情况，直至有雾状制冷剂喷出，迅速拧紧高压端连接螺栓。

② 打开压缩机高压接口阀门，按压高压接口上的排气阀门（高压阀口），直至有雾状制冷剂喷出。

③ 系统接入压力表组，检查系统高低压端静压是否一致。

④ 启动发动机，启动制冷系统，检查系统高低压端压力是否正常。

⑤ 检查积液瓶附件的液流观察孔，观察是否有气泡的流动；如果有，需执行加注制冷剂程序，为系统补充制冷剂。

（5）经运行检查，系统高低压正常，蒸发器出风口温度正常，关闭制冷系统，发动机停机。

（6）取下高低压快速管接头。

（7）使用卤素探测仪对系统高低压阀口检漏。

（8）还原设备。

3．作业后整理工位

（1）整理设备、工具、仪器。

（2）整理、清洁客车。

（3）工具、测量仪器放回指定位置。

六、考核标准

（1）工作流程的完整性。

（2）起重工作的安全可靠性。

（3）根据采集的数据，对照维修手册，对本车空调制冷系统工作是否正常做出评价。

（4）维护作业完成后的工作现场 5S 工作。

对制冷系统上的部件进行更换操作，通常要考虑到制冷剂的保存（回收），从维修成本和环保的考虑，不能将其随意释放到大气中。公交客车上的制冷系统由于通常设计有 3 个维修用的截止阀，为制冷剂在维修时保留在系统中提供了可能。这种设置有利于简化维修工作的程序，但是利用制冷剂挤出系统内部空气的方法，有可能因操作不当造成空气排出不完全，制冷剂泄漏过多，所以要根据检测数据考虑适当的补充。

项目十

新能源客车空调控制系统的维修作业

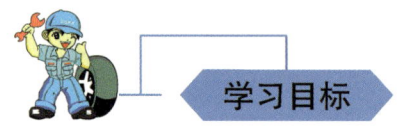

（1）了解空调控制系统的功能与组成。
（2）掌握根据故障现象，在电路图的指引下排查控制系统故障。

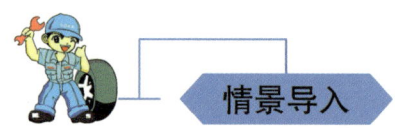

一辆运营的公交客车，出现空调出风口无风的故障，进入汽修厂维修，经检查，蒸发器风机正常，是控制线路故障；排除故障后，空调出风口正常出风。

客车空调控制系统指的是其电控系统，它是实现制冷装置自动化主要装置，并受整车控制器的管理，如图10-1所示。整车控制器接收温度传感器采集的温度信号，以及来自空调控制面板的请求信号，如冷暖选择、制冷请求等，再根据车辆的行驶状况，动力电池的储电状况等信息综合处理后，发出控制信号给压缩机控制器或者空调控制

器，直接或间接驱动压缩机电机的工作，如图 10-2 所示。当空调控制器或压缩机控制器发生故障时，整车控制器会检测制冷系统的工作状况，对故障产生故障代码。

对于电动大客车，由于携带动力电池的能量通常可达到 300 kW·h 左右，如果不开动，足够让空调制冷系统独立工作 8 h 左右。但是，在客车正常行驶时，启动的制冷系统会占全车总耗电量的 1/3 左右，将大幅度降低电动客车每次充电后的行驶里程，在某些特殊工况，比如车辆爬坡、动力电池过热等，整车控制器会暂时关停空调系统的使用，保障行车安全。因此，空调控制面板有时不能全权控制空调系统的工作与否，此时不能视为故障。如图 10-3 所示为电动客车整车控制器，图 10-4 所示为自动调控制面板。

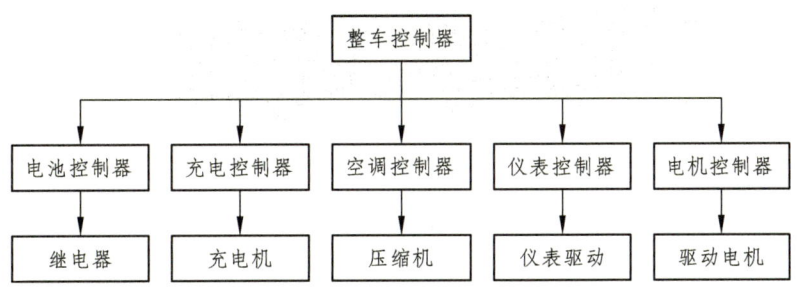

图 10-1　客车空调系统受控原理模型

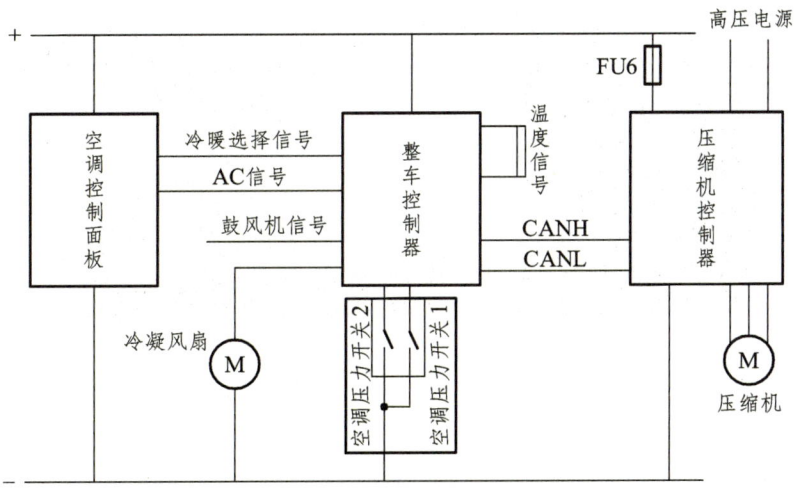

图 10-2　单冷客车空调控制原理

图 10-3 电动客车整车控制器

图 10-4 自动空调控制面板

如图 10-5 所示为电动客车空调微机控制电路，图 10-6 为电动空调压缩机驱动电路，图 10-7 为电动空调压缩机控制器实物图。

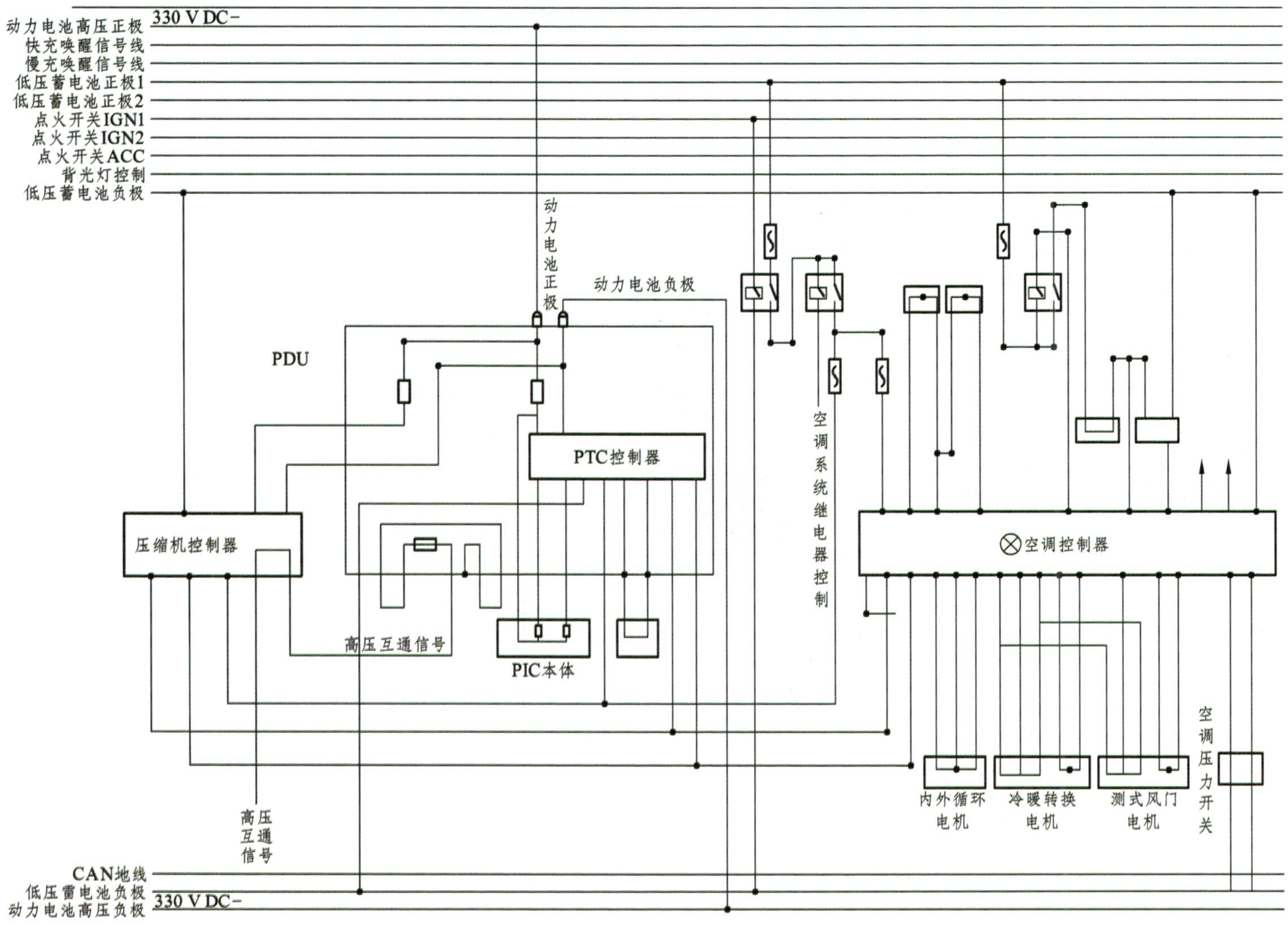

项目十　新能源客车空调控制系统的维修作业

图 10-5　使用 PCT 加热的客车空调系统

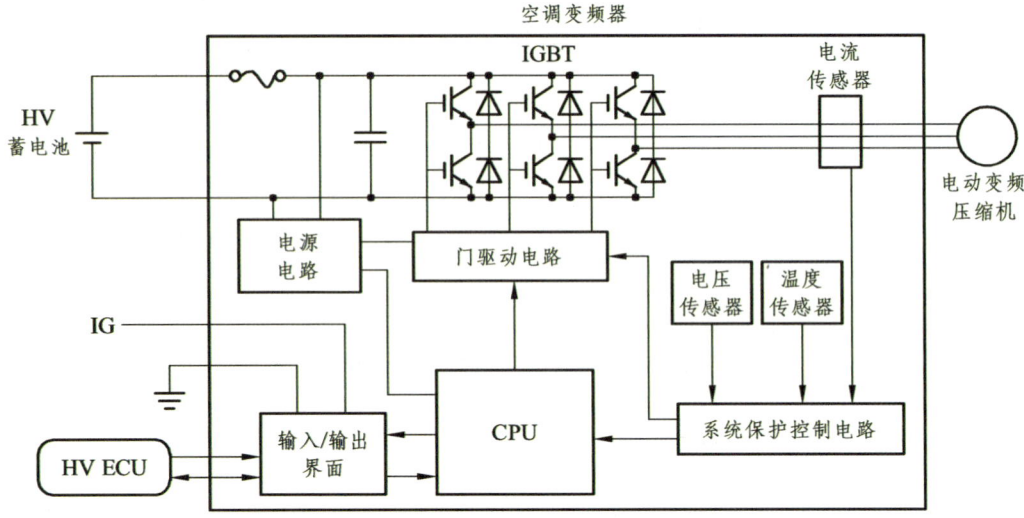

图 10-6　电动空调压缩机驱动电路

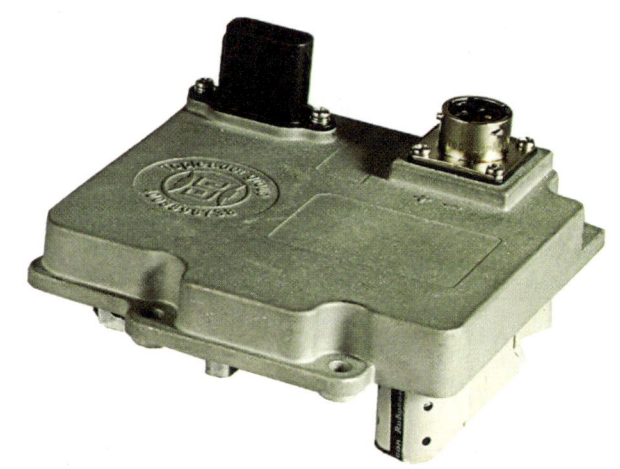

图 10-7　电动空调压缩机控制器实物图

电控系统都是由电源、传感器、控制器、执行器、显示装置共 5 类电子器件组成，并可以人工干预或调整。

从执行功能上讲，空调电控系统控制压缩机驱动电机的通断电、转速、冷凝器风扇的运转、蒸发器鼓风机的调速运转。有 PTC 装置的由空调控制器协同 PTC 控制器控制发热器件的通电制热工作。控制的核心在于对压缩机驱动电机的变频调速：根据各种传感器获得的信息来确定其通电与断电以及交流电频率的高与低，以实现制冷剂的流动或者停止、流动速度的快或慢。这其中的传感器分为 3 类：

（1）温度控制：当车内制冷/热工作达到人为设定要求时，断电。

（2）系统保护：制冷系统内部高压、低压保护、蒸发器结霜保护、压缩机过热保护。

（3）压缩机动力源保护：驱动电机工作温度保护、工作电压保护、压缩机延时启动保护。

一、技术标准与要求

（1）确保操作人员及设备安全。
（2）检查检测设备和个人防护设备的完好性。
（3）实训车辆使用非独立手动空调系统。
（4）做好完整的测试记录。

二、实训时间

实训时间为 40 min。

三、实训器材

实训车辆、诊断电脑、纯电汽车专用万用表、高压绝缘手套、安全帽，如图 10-8 所示。

（a）实训车辆

(b)诊断电脑

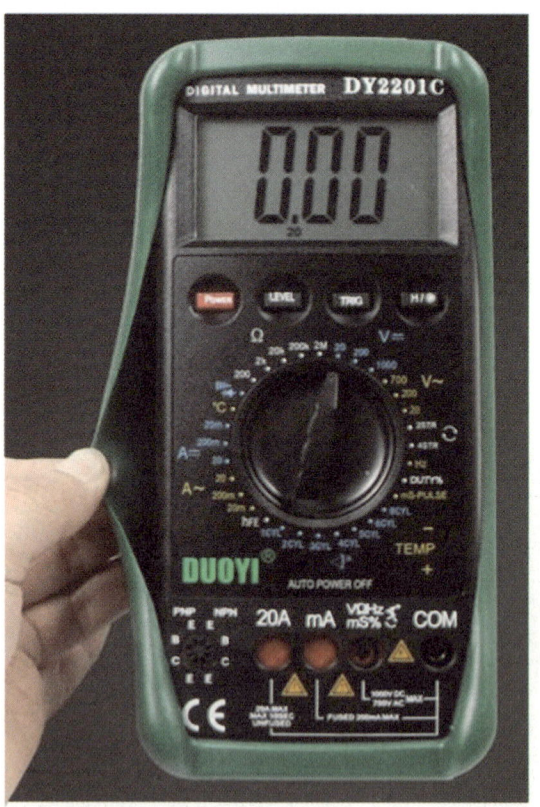

(c)纯电汽车专用万用表

项目十 新能源客车空调控制系统的维修作业

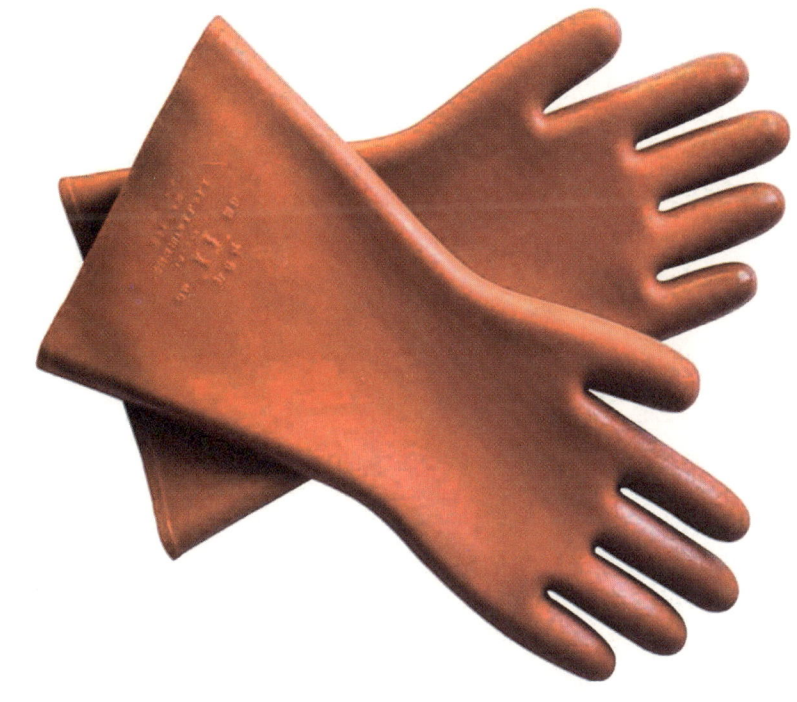

(d) 高压绝缘手套

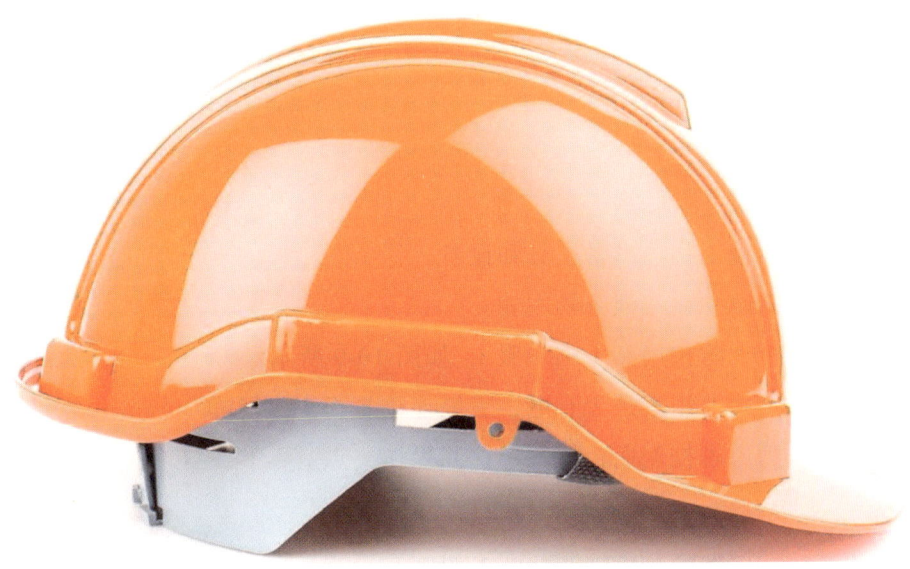

(e) 安全帽

图 10-8 实训器材

四、教学组织

1. 教学组织形式

本课程为实训课,实训教师1名,学生每2人一组,负责线路检查、电气元件更换、修复后制冷系统测试工作。

2. 学生的站位分工和要求

学生按照指定的工位站立,按教师的指令同时进行独立的操作。

3. 实训教师的职责

(1)预设蒸发器鼓风机高速挡线路故障;

(2)讲解实训项目的操作步骤和相关的注意事项;

(3)下达操作指令;

(4)巡视、检查、指导,纠正学生操作中的错误;

(5)课堂总结;

(6)组织学生对实训室进行清洁整理。

4. 学生的职责

(1)认真观看教师操作示范;

(2)完成教师布置的任务;

(3)做好课后的清洁整理工作。

五、实施步骤

1. 作业前准备

(1)清洁、整理工位,准备工具和设备。

(2)学生列队站立在实训车辆左侧。

(3)穿戴好个人防护用品(工作服),如图10-9所示。

(4)检查数字式万用表是否有电,表笔连接是否正常可靠。

(5)实训教师讲解控制面板拆下、检测操作要点。

2. 新能源客车空调控制系统的维修

(1)鼓风机高速挡故障重现及故障点检测。

① 拆开空调控制面板,连同导线一起拉出。

② 启动汽车,旋转风量开关至最高挡(鼓风机因故障停转)。

图 10-9　工作服

（2）使用万用表电压挡，调至 60 V 挡位。

① 红表笔接触至风量开关 H 挡位连接端子，黑色表笔接触至车体金属裸露处（即可靠搭铁）。观察万用表显示，如显示 24 V 以上，即排除是风量开关内部触点故障，否则，拔出 H 挡端子导线与风量开关电源线直接连接，观察鼓风机是否开始高速运转，如能高速运转，则判定是风量开关故障。

② 如排除风量开关故障，则找出鼓风机电机调速电阻，用红表笔接触至 H 挡位连接端子处裸露金属部分，黑色表笔接触至车体金属裸露处（即可靠搭铁）。观察万用表显示，如显示 24 V 以上，即排除是高速挡开关至调速电阻之间的线路故障，否则即判定是该条线路故障。

③ 如排除线路故障，则用红表笔接触调速电阻输出端连接端子，用红表笔接触，黑色表笔接触至车体金属裸露处（即可靠搭铁）。观察万用表显示，如显示 0 V，即判定是 H 挡位导线在接插器处铜片与调速电阻的端子接触不良。

④ 汽车熄火，修复此处接插器铜片，接插器复位，万用表调至欧姆挡，重复"③"步骤，观察万用表显示，如显示电阻为"0"表示测试通过，连接良好。

（3）启动汽车，将风量开关置于"H"挡，鼓风机恢复高速旋转。

（4）还原控制面板。

3. 作业后整理工位

（1）整理设备、工具、仪器。

（2）整理、清洁客车。

（3）工具、测量仪器放回指定位置。

六、考核标准

（1）工作流程的完整性。

（2）检查判断的逻辑性。

（3）根据工作过程，对自己的检测排查思路出评价。

（4）维护作业完成后的工作现场 5S 工作。

空调控制系统故障的排查过程，是根据故障现象，按照电路图的指引，预先分析导致故障的可能路径、电气元件，确定排查方案，再逐次排除可疑点，逐渐缩小故障范围。找到故障点后还应分析导致故障的原因，因为有可能是其他电气元件临近不合格或者超负荷引起，所以即使在排除了故障后，还需要对该故障点的电流/电压值或者电信号特征进行监测，防止故障再次发生或者诱发其他故障。

项目十一

客车空调制冷系统的故障排查作业

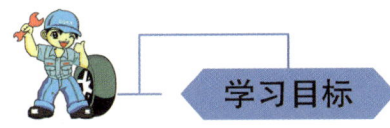

（1）了解空调制冷系统故障排查的一般方法。
（2）掌握空调制冷系统故障类型的判别。

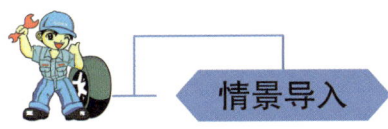

一辆运营中的小型公交客车，发生空调不制冷的故障，经行驶约 1 h 后，有短暂制冷，然后故障重现，反复多次，而且汽车在行驶过程中有明显增速现象。客车进维修厂检查维修。

小型公交客车通常使用非独立空调，在开机制冷的过程中，对发动机功率消耗非常大。客车在怠速运转时要求发动机怠速提升，以增加输出功率；爬坡、加速时，要求发动机甩掉压缩机负荷，全力驱动汽车。汽车在行驶的过程中如果压缩机因故停机，会有短时加速的现象。

客车空调制冷系统达到预设温度而导致压缩机长时停机的几率不大，特别是在环境气温较高的时候。因为在车厢内部与环境温差较大的情况下，温度回升非常快，一般可达到 5～10 ℃/min（这也是压缩机一旦停机，人体马上就会感到热的原因，车体绝热能力非常差），所以在排除发动机长时间高速运转（爬坡、高速超车）的前提下，制冷系统较长时间不制冷可以肯定其有故障。

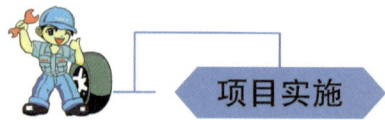

一、技术标准与要求

（1）确保操作人员及设备安全。
（2）检查检测设备和个人防护设备的完好性。
（3）实训车辆使用非独立手动空调系统。
（4）做好完整的测试记录。

二、实训时间

实训时间为 40 min。

三、实训器材

实训车辆、万用表、风速计、压力表组，如图 11-1 所示。

（a）实训车辆

项目十一　客车空调制冷系统的故障排查作业

（b）万用表

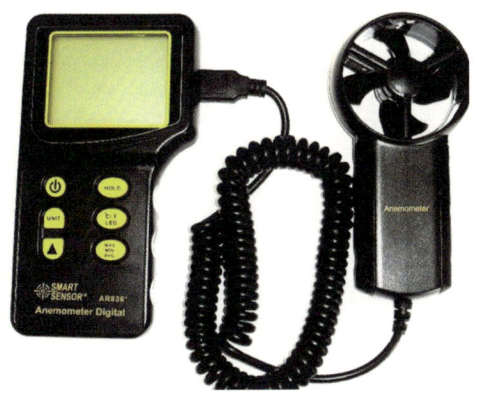

（c）风速计

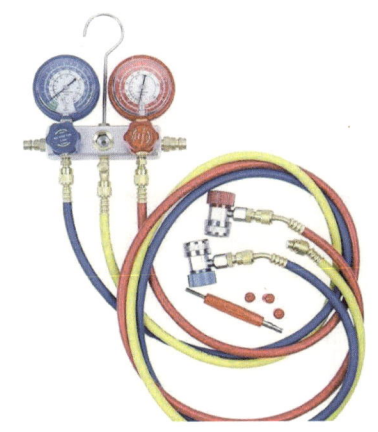

（d）压力表组

图 11-1　实训器材

四、教学组织

1. 教学组织形式

本课程为实训课,实训教师1名,学生每2人一组,负责制冷系统高低压检测、出风口温度检测、修复后制冷系统测试工作。

2. 学生的站位分工和要求

学生按照指定的工位站立,按教师的指令同时进行独立的操作。

3. 实训教师的职责

(1)预设冷凝器风扇继电器故障;
(2)讲解实训项目的操作步骤和相关的注意事项;
(3)下达操作指令;
(4)巡视、检查、指导,纠正学生操作中的错误;
(5)课堂总结;
(6)组织学生对实训室进行清洁整理。

4. 学生的职责

(1)认真观看教师操作示范;
(2)完成教师布置的任务;
(3)做好课后的清洁整理工作。

五、实施步骤

1. 作业前准备

(1)清洁、整理工位,准备工具和设备。
(2)学生列队站立在实训车辆左侧。
(3)穿戴好个人防护用品(工作服、防护手套、护目镜),如图11-2所示。

(a)工作服

(b)防护手套

(c)护目镜

图11-2 个人防护用品

（4）检查数字式万用表是否有电，表笔连接是否正常可靠。

（5）检测压力表组是否完好，高低压阀门是否关闭；高低压软管、快速接头是否完好且连接牢固。

2. 制冷系统故障重现及故障点排查

（1）压力表组接入制冷系统，检测系统静压，检测发现高低压一致且均为 600 kPa，判断制冷剂无泄漏，膨胀阀无堵塞。

（2）启动汽车，开启制冷系统，观察压力表组高低压显示的变化，检测出风口温度、流速显示。

（3）制冷系统压缩机非正常停机，压力表组显示高压 1 800 kPa，明显偏高；低压 150 kPa，基本正常；出风口温度检测有所下降，但不明显，而且很快回升；风速正常，由此判断系统高压保护。

（4）通过高空作业台观察车顶冷凝器风扇，发现均无转动迹象。

（5）怀疑是冷凝器风扇电路故障，按照本车空调控制电路图的指引检查控制电气盒分析可能的故障点，如图 11-3 所示。

图 11-3　控制电气盒

（6）用"项目十"所学知识排查电气故障点。

（7）经检测，故障点缩小至冷凝器风扇继电器。

① 用同型号新继电器替换，待系统高低压基本恢复平衡（高低压力显示基本一致）后，重新开机。

② 经系统试运行，制冷恢复正常，高低压显示正常、出风口温度正常，停机。

（8）还原电气控制盒盖板，拆除压力表组，使用卤素检测仪在高低压阀口捡漏。

3. 作业后整理工位

（1）整理设备、工具、仪器。

（2）整理、清洁客车。

（3）工具、测量仪器放回指定位置。

六、考核标准

（1）工作流程的完整性。

（2）检查判断的逻辑性。

（3）根据工作过程，对自己的检测排查思路出评价。

（4）维护作业完成后的工作现场 5S 工作。

客车空调系统检修前，应仔细咨询驾驶员在出现故障前后空调系统的现象反应，以及行车过程中的道路情况、车辆操作情况，这些都是非常重要的信息，因为系统故障类型不同，故障表现不同。

在检修的过程中，对故障系统数据的采集、故障重现同样非常重要。从锁定导致故障的系统（制冷、控制、动力源、电源），到故障区域，再到故障点，是逐步缩小排查范围的，而后再分析导致故障的原因，确定能否杜绝，然后再确定修复方案，最后进行修复工作的实施。

参考文献

[1] 緱庆伟，李卓. 新能源汽车原理与检修[M]. 北京：机械工业出版社，2017.

[2] 包丕利. 新能源汽车维护与保养[M]. 北京：机械工业出版社，2018.

[3] 吴友生. 汽车空调与暖风系统[M]. 北京：机械工业出版社，2016.

[4] 林钢. 汽车空调原理及维修[M]. 北京：北京大学出版社，2008.

[5] 杨柳青. 汽车空调构造与维修[M]. 北京：人民交通出版社，2008.

[6] 杨柳青. 汽车空调的常见故障维护[M]. 北京：人民交通出版社，2008.

[7] 闵思鹏. 汽车空调构造与维修[M]. 北京：清华大学出版社，2013.

[8] 夏云铧. 汽车空调系统的维护保养[M]. 北京：机械工业出版社，2010.